MÉMOIRE

DU

GÉNÉRAL COMTE DE BOUVET,

SUR SON ADMINISTRATION

DE L'ILE DE BOURBON,

PENDANT LES ANNÉES 1815, 1816 ET 1817.

PARIS,

J. G. DENTU, IMPRIMEUR-LIBRAIRE,

rue des Petits-Augustins, n° 5 (ancien hôtel de Persan).

———

DÉCEMBRE 1819.

ERRATA.

Page 12, *ligne* 7, *après ces mots :* 50,000 fr., *ajoutez :* malgré de fortes créances.

89, 11, la Matinique, *lisez :* la Martinique.

AVANT-PROPOS.

———

Sous mon commandement, l'île de Bourbon a été entièrement préservée de toutes les calamités qui ont accompagné et suivi le désastreux 20 mars, de troubles intérieurs et d'invasion étrangère. La France le sait; elle sait également mon rappel et ma mise en non activité à mon retour en Europe. La volonté du Gouvernement était raison suffisante à cet égard, et long-temps j'ai cru qu'on n'en cherchait pas d'autres; je pensais que du moins la calomnie serait impuissante contre les heureux résultats que j'ai obtenus.

Aussi, attaqué dans les mesures les plus sages de mon administration, j'ai répondu à qui de droit, j'ai opposé l'évidence à l'absurdité; et après avoir fait mon devoir, je laissais au temps à faire le reste.

Mais mon silence est devenu une arme contre moi; l'on me provoque jusque dans les journaux étrangers : ceux de l'île Maurice m'ont calomnié de la manière la plus insigne, dans le Supplément du n° 29 *des Archives politiques et littéraires* de cette colonie. Attaqué publiquement, je me dois de faire connaître publiquement la vérité.

Je dirai donc ce qui s'est passé à Bourbon pendant la durée de mon commandement; les griefs qui m'ont été imputés, mes réponses à ces griefs, et le jugement de la commission spéciale nommée par le Roi pour les examiner. Je m'en tiendrai là, et m'abstiendrai, autant que possible, de toute personnalité; le public, suffisamment éclairé, pourra sainement juger ma conduite et fixer son opinion.

MÉMOIRE

DU

GÉNÉRAL COMTE DE BOUVET,

SUR SON ADMINISTRATION DE L'ILE DE BOURBON,

Du 6 avril 1815 au 1er juillet 1817.

——

PREMIÈRE PARTIE.

En 1814, le retour du Roi rendit à la France l'île de Bourbon, conquise par les Anglais en 1810. Pendant quatorze ans mon père avait gouverné cette colonie; sa mémoire y était vénérée : Sa Majesté m'en confia le commandement. Le vœu que j'avais formé, vingt-six ans auparavant, en entrant au service, ainsi satisfait, mon unique ambition fut de me montrer digne des bontés du Roi, en marchant sur les traces de mon père. Animé de ces sentimens, je partis de Rochefort le 15 novembre suivant,

sur la division destinée à cette colonie; le
2 avril 1815 nous y arrivâmes, reportant avec
nous le noble pavillon blanc, qui en était dis-
paru depuis le mois de février 1790, depuis
vingt-cinq ans! Il y fut accueilli avec enthousiasme.

Le 6 du même mois d'avril, la colonie nous
fut remise par les commissaires de Sa Majesté
Britannique, à M. l'ordonnateur et à moi, chargés de la reprise de possession.

Réorganiser un pays qui, depuis cinq ans,
était sous une domination étrangère, et qui,
pendant les vingt années précédentes, avait
passé par toutes les phases, avait essuyé toute
la versatilité d'un gouvernement révolution-
naire, n'eût pas été chose facile, si d'avance le
Roi n'y eût pourvu dans sa sagesse; dans quatre
lignes Sa Majesté avait posé les bases du bonheur de Bourbon, et tracé notre conduite : il
nous était ordonné « de rétablir les lois et or-
« donnances qui régissaient la colonie en 1789,
« sauf le nouveau Code français qui avait été
« mis en vigueur à Bourbon, et qui devait y
« demeurer tel. » (*Voyez* n° I des Pièces justificatives.)

En conséquence, le 6 avril parut l'ordonnance
pour l'organisation provisoire de la colonie; le 11,

celle pour l'organisation des milices; le 12, celles pour la formation d'une compagnie d'invalides et d'une compagnie de maréchaussée; l'une et l'autre furent formées sur les anciens erremens adoptés aux besoins actuels. Il était juste de pourvoir à la subsistance de vieux soldats, de vieux matelots qui avaient droit aux bontés du Roi, par l'ancienneté de leurs services; il était politique d'utiliser ceux qui, plus jeunes, restés sans congé dans la colonie, pouvaient nuire à sa tranquillité par leur vagabondage; et il était prudent de se préparer des moyens de maîtriser l'avenir dans un pays éloigné de quatre mille lieues de tout secours et de tout point d'appui. Les évènemens occasionnés par la rentrée de Buonaparte prouvent combien ces précautions avaient été sages. Enfin, le 18 avril les tribunaux furent installés, les ordres du Roi y furent lus et enregistrés; dès lors, *douze jours après la reprise de possession,* chacun connut positivement la Constitution de la colonie, ses devoirs et ses attributions.

Le 15 novembre 1814, à bord de *l'Africaine,* sous voiles devant l'île d'Aix, j'avais fait part à Son Excellence de notre départ de Rochefort. Le 22 février et le 1er mai 1815, je lui rendis compte de notre relâche au cap de Bonne-Es-

pérance; sous la date des 1er, 2, 3, 4, 5, 6 et
15 mai, soit par lettres communes avec M. l'ordonnateur, soit par lettres particulières, je fis
connaître au ministère la situation et les besoins
de Bourbon, toutes nos opérations, nos projets, et lui demandai ses ordres; ces dépêches
partirent par le retour de la division, qui fit
voile pour l'Europe le 16 mai 1815.

Conformément aux ordres du Roi, qui avait
fixé la quotité des impositions à 1,280,000 fr.,
des notables habitans et commerçans avaient
été réunis et consultés sur la manière de les asseoir et de les percevoir : c'est en conséquence
de leur avis, motivé par écrit, que parut l'ordonnance du 16 juin 1815, qui détermine le
système d'impositions qui a existé à Bourbon
pendant toute la durée de mon administration,
sans presque aucun changement. Je dois remarquer ici, afin de n'y plus revenir, que ces
impositions sont moindres qu'elles n'ont été de
1803 à 1810, sous le gouvernement du général
Decaen ; moindres qu'elles n'ont été de 1810
à 1815, sous le gouvernement anglais; moitié
moindres qu'elles n'étaient en France en 1815
et 1816, proportion gardée ; car à Bourbon,
1,280,000 fr., prélevés sur quatre-vingt mille
individus, donnent un dividende de 16 fr. par

têle; tandis qu'en France, 830,000,000 fr. d'impôts, répartis sur vingt-cinq millions d'individus, donnent 33 fr. pour chacun.

Libre le 17 juin, je partis pour faire le tour de l'île, et connaître par moi-même les besoins et les ressources de chaque paroisse, organiser les milices, installer les commandans de quartier, et distribuer les quatre dernières croix des huit dont Sa Majesté m'avait chargé de décorer ceux de ses fidèles sujets de Bourbon qui avaient montré le plus de zèle et de dévoûment pour son service.

Le 7 juillet, de retour à St.-Denis, tout était tranquille, mais Bourbon devait aussi avoir ses cent jours.

La nouvelle de la fatale apparition de Buonaparte en France nous parvint le 12 juillet, et nous ne connûmes le retour du Roi à Paris que le 28 octobre suivant.

Dès le premier jour, le 12 juillet, à l'instant où je reçus la funeste nouvelle, j'en informai le public par la proclamation suivante :

« Habitans de Bourbon ! l'Europe était en
« paix ; Buonaparte quitte l'exil qu'il avait
« choisi lui-même, l'Europe reprend une atti-
« tude guerrière. Si nous pouvions ne consul-
« ter que nos intérêts, je vous dirais, éloignés,

« restons tranquilles spectateurs d'une lutte où
« tous nos efforts ne peuvent rien ; mais hési-
« ter est un crime. *Vive le Roi! vivent les Bour-*
« *bons!* Que ce cri de l'honneur et du devoir
« soit à jamais dans nos cœurs et dans nos
« bouches. »

Un assentiment général répondit à cette proclamation ; et dès le 15 juillet, une adresse au
Roi fut signée par les magistrats, les officiers
militaires et civils, par tous les habitans ; c'est
dans cette adresse qu'on remarque ce passage :

« Oui, Sire, nos bras, nos fortunes, tous
« nos moyens vous sont dévoués comme nos
« cœurs : nous n'aurons jamais d'autre maître
« que vous ; nous ne vivrons, nous ne mour-
« rons que pour le descendant de nos Rois lé-
« gitimes, que pour le chef de la maison de
« Bourbon ! »

L'opinion générale ainsi prononcée, la ligne
du devoir aussi profondément tracée, je m'oc-
cupai à maintenir ce bon esprit, à consolider
nos relations amicales avec nos voisins de l'île
Maurice, et à me préparer aux évènemens qui
pourraient survenir.

Le 16 juillet, au défaut d'effets d'habille-
ment, que nous n'avions pas en magasin, une
masse de 74 fr. 76 cent. fut allouée à chaque

homme de la garnison pour son entretien ; et, peu après, 9 fr. pour masse de chaussure y furent ajoutés : de manière que pour 83 à 84 fr. par homme, les conseils d'administration des corps devaient entretenir et entretinrent effectivement leurs diverses troupes depuis lors jusqu'à mon départ de la colonie.

Le 17, pour assurer nos débouchés, une ordonnance commune des deux administrateurs ouvrit les ports de Bourbon aux étrangers.

Le 18 août, voulant couper court à toute indécision et éviter toute rivalité entre les officiers supérieurs employés dans l'île, en cas que je vinsse à périr, je nommai commandant en second de la colonie le major, marquis de Parny, l'officier le plus élevé en grade après moi ; celui qui en 1814 m'avait été désigné officiellement par M. De Lareinty, alors directeur des colonies; celui qui en effet devait me remplacer d'après les ordonnances, le commandant du bataillon d'Angoulême étant parti de France lieutenant-colonel, grade alors inférieur à celui de major, et le sous-directeur d'artillerie, quoique breveté colonel honoraire, étant employé et salarié dans la colonie comme capitaine.

Le 26 août, parut un aviso porteur des dé-

pêches de l'usurpateur et de ses journaux men-
songers faits pour égarer l'opinion publique.
Le capitaine de ce bâtiment fut arrêté, l'équi-
page fait prisonnier; les lettres et paquets ap-
portés par lui ne furent pas même ouverts.

Le surlendemain 28, arrivèrent les ordres du
Roi, qui m'étaient adressés par M. le comte de
Blacas. (*Voyez* n° II des Pièces justificatives.)
Ces ordres furent publiés sur le champ; le premier septembre ils furent enregistrés au conseil supérieur; ils ont été suivis de point en
point.

Le 22 de ce même mois de septembre 1815,
j'expédiai un aide de camp pour porter aux
pieds du Roi les vœux et les adresses de ses
fidèles sujets de Bourbon, et faire connaître
aux ministres de Sa Majesté l'état et les besoins
de la colonie.

Jusqu'au mois d'octobre, la meilleure intel-
ligence avait régné entre les îles de Bourbon et
de Maurice. Mais à cette époque, ayant appris
la déclaration de guerre faite le 21 juin à la
France par l'Angleterre, le gouverneur de Maurice crut devoir s'emparer de Bourbon au nom
de Sa Majesté Britannique. En conséquence, à
la pointe du jour, le 5 octobre, une flotte de six
voiles parut à la vue de St.-Denis; et le com-

modore anglais, tant en son nom qu'en celui
du gouverneur de Maurice, me somma de remettre la colonie sous la protection de Sa Majesté Britannique.

La proposition fut rejetée; les troupes de ligne furent réunies, les milices assemblées, des
ordres furent donnés, des proclamations parurent; des mesures énergiques furent prises;
rien ne fut négligé pour conserver la colonie au
Roi.

Je convoquai les notables; réunis en conseil
les 6, 7 et 14 octobre, dans cette circonstance
difficile, fidèles au Roi, fidèles à la France, ils
convinrent unanimement « que les propositions
« faites par les Anglais étaient inadmissibles,
« contraires aux intérêts du Roi et à l'honneur
« de son pavillon; ils résolurent de seconder de
« tous leurs moyens les efforts du général, pour
« repousser l'injuste agression de l'ennemi, et
« promirent de s'imposer avec plaisir toutes les
« privations qu'un état-de guerre pourrait en-
« traîner après lui. »

Cette noble attitude, cette fermeté contin-
rent les Anglais; leur opération se réduisit à un
blocus et à trois sommations différentes; et le
28 du même mois d'octobre, la nouvelle de la
restauration étant arrivée, l'état de guerre cessa,

et les liaisons amicales entre les deux îles furent rétablies.

Ayant ainsi supporté la double épreuve, ayant eu la gloire d'avoir fait pendant l'orage *tout* ce qu'ils avaient promis à son approche, après qu'il fut dissipé, les habitans de Bourbon ont pu dire avec vérité, comme ils l'ont dit à leur excellent maître, dans leur adresse du 11 novembre 1815 :

« Puisse Votre Majesté accueillir favorable-
« ment les plus sincères félicitations de ses fidè-
« les sujets de Bourbon, qui, dans ces momens
« d'orage, à l'ombre tutélaire du pavillon du
« Roi, ont pu se préserver de malheurs sem—
« blables à ceux qui ont pesé sur la France,
« courbée sous le joug du rebelle, qui ont
« donné au monde une nouvelle preuve que,
« sous le gouvernement seul de leurs souverains
« légitimes, le bonheur des peuples est assuré!»

Une ordonnance du 31 octobre 1815, en interdisant l'ordonnateur, déduit les raisons qui m'ont porté à cet acte d'autorité : peu après et par suite, le contrôleur et l'ingénieur en chef furent aussi suspendus de leurs fonctions. J'ai rendu compte à Son Excellence des motifs qui avaient nécessité ces mesures ; les relater ici serait récriminer, je m'en abstiendrai donc.

J'ai également informé Son Excellence des rai-
ns qui m'ont porté à faire choix de M. Montjol
Lanux pour remplir provisoirement la place
ordonnateur; pour justifier ce choix, il suffit
voir ce qu'a fait M. Montjol de Lanux, *avec*
; seuls moyens de la colonie, pendant les
ngt mois de son administration, du 1er nombre 1815 au 1er juillet 1817 : ces vingt mois
nt les plus beaux, les plus heureux qu'ait vus
ourbon depuis plus de vingt-cinq ans !

Aussitôt que l'ordonnateur fut interdit, les
ellés furent mis sur les magasins et sur les
reaux, et le 1er novembre on commença l'in-
ntaire, qui fut clos le 10 suivant : il fut fait
r M. Montjol de Lanux, le nouvel ordonna-
ur provisoire, en présence du procureur du
oi, un commis principal de la marine tenant
plume, et les parties intéressées dûment ap-
lées. J'ai fait connaître au ministère le résultat
cet inventaire et toutes ces transactions, par
es dépêches des 31 octobre, 13 et 30 novem-
e 1815.

Dans le nombre des ennemis de l'ancien or-
nnateur, plusieurs convoitaient sa place, et
chés de voir M. Montjol de Lanux l'occuper,
se liguèrent contre lui pour dénaturer ses
érations, les envenimèrent auprès du public,

les calomnièrent auprès du ministère, et entravèrent son administration de tout leur pouvoir : ce fut en vain ; l'intégrité, la conduite méthodique et sage de ce nouvel administrateur surmontèrent tous ces obstacles. Au 1er novembre 1815, à l'instant de son entrée dans l'administration, nous devions 50,000 francs : au 1er janvier 1816, nous étions au pair; et depuis, notre situation n'a fait que s'améliorer.

L'intrigue ne pouvant rien contre l'administration, on a tenté d'opposer la force à l'autorité. Le 5 avril 1816, on a mis en avant le commandant du 4e bataillon d'Angoulême ; il a échoué comme les autres. J'ai fait repasser en France cet officier; j'ai rendu compte de toute cette affaire à Son Excellence, par ma dépêche du 20 du même mois d'avril, sous le n° 18, et par celle du 15 août, n° 33.

Le 13 janvier 1816, j'avais fait partir le lieutenant-colonel Elliot, pour faire connaître à Son Excellence, dans les plus petits détails, tout ce qui nous était arrivé depuis le 22 septembre, époque du départ de mon aide de camp, lui dépeindre notre véritable situation, lui exposer nos besoins, lui rendre compte des grâces provisoires que j'avais cru devoir accorder, en solliciter la ratification, et lui demander ses or-

dres. En réponse aux dépêches dont M. Elliot
était porteur, j'ai reçu de M. le comte Dubouchage la lettre n° III des Pièces justificatives.

Depuis lors, régulièrement et exactement,
Son Excellence a été informée de tout ce qui
se passait à Bourbon, et de tous les évènemens
extérieurs qui avaient quelques rapports avec
cette colonie.

Dès le moi de mai 1815, j'avais rendu compte
au ministère du délabrement dans lequel, lors
de la reprise de possession, nous avions trouvé
les chemins, les établissemens d'utilité publique et les bâtimens du Roi; ils ont tous été
réparés, et quelques-uns reconstruits entièrement.

A l'hôpital de Saint-Denis, les deux principaux bâtimens étaient hors d'état de recevoir
des malades; l'un a été réparé, l'autre jeté à bas
et reconstruit en entier; un pavillon propre à
loger quatre officiers a été construit à neuf.
L'apothicairerie et la maison des sœurs ont été
rendus logeables et recouverts. A l'hôpital de
Saint-Paul, des réparations proportionnées ont
eu lieu, et le résultat de ces soins est que, sur
six cent quarante-six soldats, matelots ou autres
blancs employés du Roi, entrés à l'hôpital du
1er novembre 1815 au 1er juillet 1817, nous n'a-

vons perdu que dix-neuf hommes, moins de trois sur cent malades.

Les casernes de Saint-Denis ont été réparées; celles de Saint-Paul réparées et recouvertes en entier.

Les deux gouvernemens, les deux intendances de Saint-Denis et de Saint-Paul étaient inhabitables; ils ont été réparés de fond en comble; le gouvernement de Saint-Denis et les deux intendances ont été peints, tapissés, meublés, enfin mis dans un état décent.

Le bancasalle, un vaste bâtiment servant d'entrepôt aux douanes et de magasin de la marine, le magasin des vivres, ont été réparés et entièrement recouverts.

La maison destinée au commandant des troupes tombait en ruines; elle a été complètement réparée.

Le bâtiment des douanes et le corps-de-garde de Saint-Paul ont été refaits à neuf. Des prisons manquaient dans ce quartier, elles y ont été construites.

Les signaux de la place et des vigies ont été refaits à neuf.

Une chaloupe et dix noirs pour la monter, indispensables au service du port, ont été achetés.

La nécessité d'un pont volant pour le ser-

vice de la rade de Saint-Denis ayant été reconnue, le pont a été construit, et c'est le seul qui
ait résisté à la mauvaise saison de 1816.

Le pont projeté depuis long-temps sur la ri-
vière Saint-Denis, dont la construction fut
arrêtée par le ministre en 1814, a été entrepris en 1816. Tous les matériaux ont été
réunis, pour que les travaux puissent être
commencés et finis pendant la belle saison
de 1817 : aussi la première pierre a-t-elle été
posée le 1er mai de cette année, et l'ouvrage
a-t-il été poussé avec une telle célérité, qu'au
1er juillet, 94,000 fr. étaient soldés pour travaux faits ou matériaux rendus à pied d'œuvre, sur 143,909 fr., prix total que devait
coûter le pont, selon le devis soumis au conseil
d'administration, et arrêté par lui le 10 septembre 1816; de manière qu'avec une dépense
de 50,000 fr., à laquelle on peut faire face
avec les sommes que nous avons laissées en
caisse, cet important ouvrage aurait dû être
fini le 1er décembre 1817.

La paroisse de Sainte-Marie a été assistée,
par le trésor du Roi, de 5,000 fr. pour la réédi-
fication de son église : des fonds communaux
qui avaient primitivement eu cette destination,
et qui après en avaient été détournés, ont été

rendus à leur destination première et ont suffi au surplus de cette dépense : l'ouvrage est terminé aujourd'hui.

Le presbytère et l'église de la paroisse Saint-Louis ont été réparés et recouverts à neuf avec des fonds communaux détournés en 1814, et rendus à leur destination première en 1816.

Le mesurage fait au quartier Saint-Joseph, exécuté en vertu de notre ordonnance du 22 mai 1816, commencé le 1er juin de la même année, a été terminé le 30 avril 1817, après onze mois de travaux consécutifs. Cette opération, en faisant bénir le nom du Roi, assure à jamais le sort de quinze cents de ses sujets qui, depuis le premier jour de leur établissement, ne jouissaient que d'une propriété précaire, dont ils pouvaient être dépouillés à chaque instant, et laissaient à leurs enfans des procès interminables à soutenir. Cette opération, projetée par tous les administrateurs qui se sont succédés à Bourbon depuis 1785, nous l'avons pu exécuter sans bourse délier; et bien plus, elle a produit un reliquat de 5000 fr. environ, qui doit mettre la pauvre paroisse de Saint-Joseph à même d'avoir, comme les autres communes de la colonie, son petit atelier de noirs pour entretenir ses chemins.

Une autre opération non moins importante au bien-être général, c'est le rétablissement et la dotation du bureau de bienfaisance, ainsi que la translation de l'ancien bazar ou marché neuf, aux termes de notre ordonnance du 12 mai 18 6. L'ancien bazar de Saint-Denis, situé dans un lieu étroit, étouffé, entouré de maisons, ou le moindre feu pouvait occasionner l'incendie de la ville entière, a été transféré, sous le nom de *Marché-Neuf*, dans un endroit espacé, vaste, sous le vent de la ville, cependant central et facile à surveiller. Cette opération a produit à la principale ville de Bourbon, embellissement, sûreté, commodité, et à l'administration du bureau de bienfaisance, un revenu de dix mille francs qui, avec les autres droits éventuels, le met à même de pourvoir à la subsistance de tous les nécessiteux de la colonie.

Une ordonnance du 1er octobre 1816, assure d'une manière certaine la subsistance des esclaves.

Le Mémoire de près de cent pages que, sur sa demande, nous avons adressé à Son Excellence, le 1er mai 1817, offre l'analyse historique de l'île de Bourbon depuis l'époque de sa découverte en 1505, jusqu'au 1er mai 1817, et le précis de sa situation actuelle, considérée sous les rapports d'agriculture, de commerce, d'administration et de politique ; il fait exactement connaître l'importance, les ressources et les besoins de cette colonie, ses revenus territoriaux et la valeur de ses exportations ; ce Mémoire prouve aux détracteurs de Bourbon, que loin d'être une charge pour la métropole, cette île, outre les bénéfices qu'elle procure au commerce et à l'industrie nationale, doit rendre annuellement au trésor royal un million au-delà des six cents mille francs de dépenses qu'elle pourra lui occasionner chaque année.

En effet, il est démontré, d'après le relevé de nos douanes, que les exportations de Bourbon, pendant les neuf derniers mois de 1815, et pendant l'année entière de 1816, en 21 mois, ont rendu aux douanes de France plus de 3,000,000 fr. ; et l'administration de cette colonie, après avoir fourni à toutes ses dépenses quelconques, aux améliorations et réparations ci-dessus relatées, soldé, habillé, nourri ses troupes, payé son culte, salarié ses officiers d'administration et de justice, entretenu sa petite marine ; après avoir fourni de l'argent, des vivres, des rafraîchissemens à la frégate du Roi, *l'Amphitrite*, aux flottes de Sa Majesté *la Licorne* et *le*

Golo, laisse encore à l'administration qui lui succède, au 1ᵉʳ juillet 1817, un actif de plus de 3000,000 fr. (1); savoir :

1° En caisse. . . . . 139,000 fr.

2° Impôts* dus et arriérés de 1815 28,000

3° *Id.* arriérés de 1816. . . 109,000

4° *Id.* sur les Guildives. . . 26,000

302,000 fr.

_____

(1) Pour que l'on puisse juger de l'état brillant où nous laissons l'administration, à cet actif de 300,000 fr. je dois ajouter les recouvremens que promet le dernier semestre de 1817 :

1°   50,000 fr. d'arriérés antérieurs à 1815;

2°   100,000   pour reprises sur le ministère, avances faites aux vaisseaux de Sa Majesté;

3°   400,000   à recevoir de l'Inde pour le service de 1817;

4°   300,000   pour l'impôt direct, non perçu en 1817;

5°   75,000   pour l'enregistrement, timbre et hypothèques pour le dernier sem. de 1817;

6°   50,000   ferme des cantines et tabacs pour le dernier semestre de 1817;

7°   200,000   pour les douanes pendant le dernier semestre de 1817.

_____

1,475,000 fr. Ainsi quatorze cent mille fr. pour le service du dernier semestre de 1817.

Si à cela j'ajoute la religion respectée, les lois en vigueur et la justice ponctuellement administrée, la police bien faite, les troupes bien tenues, bien disciplinées, les vaisseaux du Roi et de commerce recevant dans nos rades accueil et secours; le pavillon français respecté par des voisins plus forts, avec lesquels traitant sur le pied de la plus parfaite égalité, nous avons cependant vécu en bonne harmonie; l'on apercevra l'autorité du Roi maintenue, l'honneur et l'intérêt national également ménagés, et l'ordre dans toutes les parties du service. Les états envoyés, les comptes rendus à Son Excellence, par mois, trimestres et semestres, prouvent qu'en effet telle était notre situation.

Nous avons obtenu ces résultats brillans et solides, sans verser une goutte de sang, sans grever le trésor du Roi d'une piastre, sans augmenter d'un écu les impositions ordonnées par Sa Majesté, et sans commettre une seule injustice; mais non pas sans froisser quelques individus.

A la fin d'une révolution, la raison n'est pas dans toutes les têtes; il existe naturellement plus d'un parti; pour le bien général, il fallait les dominer tous, sauf à en mécontenter quelques-uns : au surplus, aux clameurs des mécontens, j'opposerai l'état prospère de Bourbon et les vœux exprimés à l'instant de mon départ, par les principaux habitans, par la partie la plus saine et la plus nombreuse de la colonie, vœux consignés dans les adresses dont je joins ici des copies.

Les deux nouveaux administrateurs sont arrivés à Bourbon le 28 juin 1817; le gouvernement et la colonie leur ont été remis en forme le 1er juillet suivant. Le 12 du même mois, je fis enregistrer à la Cour royale les patentes de comte, qu'il plut au Roi de me faire expédier, le 23 décembre 1816, dix jours après mon rappel prononcé, pour, aux termes du diplôme, « récom- « penser les services importans rendus par moi « à Sa Majesté dans l'administration de l'île de « Bourbon. » Elles me furent apportées par l'aide de camp que j'avais envoyé auprès de Sa Majesté, le 22 septembre 1815. Il revint le 28 juin 1817, sur le bâtiment qui portait mon successeur. Le 8 septembre, je m'embarquai pour revenir en France, sur la flûte du Roi la Normande.

Copies des lettres écrites par divers habitans de Bourbon, au général comte de Bouvet, depuis l'instant où son rappel fut connu, jusqu'à celui de son départ de cette colonie, le 9 septembre 1817.

Saint-Denis, île de Bourbon, le 27 mai 1817.

Le président du conseil supérieur et le procureur-général, au général de Bouvet, commandant pour le Roi.

Général,

Vos services passés vous ont fait contracter de grands engagemens pour l'avenir, et nul doute que ce ne soit à remplir ces engagemens que Sa Majesté vous appelle, lorsqu'elle vous rapproche de sa personne.

Appelés dans vos conseils à une époque bien malheureuse, nous avons été témoins de tout ce que peut concevoir et exécuter pour l'honneur un chef noblement inspiré; et si un jour l'île de Bourbon est nommée avec distinction par l'histoire, c'est à vous, général, qu'elle en sera redevable.

Nos regrets, en vous voyant quitter cette co-

Ionie, où nous sommes nés, et qui vous devra son illustration, sont donc bien légitimes.

Pourrions-nous, sous un autre rapport, et comme magistrats, ne pas vous les exprimer encore? Grâce à la haute considération dont vous avez su investir les organes de la justice, jamais ceux-ci n'apportèrent dans l'exercice de leurs fonctions plus de zèle et d'assiduité.

Dévoués, ainsi que vous, général, à la cause véritablement française, votre exemple nous animait tous; et les égards sans nombre dont vous payiez nos travaux, en allégeaient le poids.

Recevez avec bonté, général, cet épanchement de deux cœurs sincères, et veuillez quelquefois vous le rappeler, lorsque l'espace des mers vous aura séparé de ce pays, où nous sommes destinés et résolus à finir notre carrière.

Nous avons l'honneur d'être, général, avec les sentimens que vous nous connaissez,

Vos très-humbles et très-obéissans serviteurs,

Signé J. B. PAJOT, président du conseil supérieur; GILLOT L'ETANG, procureur-général.

Saint-Denis, île de Bourbon, le 4 juillet 1817.

Les officiers, sous-officiers et soldats de la garnison de Bourbon, au général comte de Bouvet, ex-commandant pour le Roi.

Général,

Nous vous offrons nos regrets et nos vœux les plus sincères pour le bonheur du digne chef qui toujours nous a guidés d'une main sûre dans le chemin de l'honneur et du devoir, pour celui qui a toujours traité et chéri ses compagnons d'armes comme ses enfans; nous bénirons toujours votre nom, nous le répéterons avec enthousiasme; il nous rappellera la gloire que nous avons acquise avec vous; il nous rappellera que dans toute circonstance nous avons à donner au Roi de nouvelles preuves de la fidélité et du dévoûment dont vous nous avez montré si constamment l'exemple.

Nous sommes avec respect,

Général,

Vos très-humbles serviteurs,

Signé A. DE COURSON, lieutenant-colonel commandant le bataillon; GAILLANDE, capitaine; MORENVILLE, capitaine; DELOZAN, capitaine;

ROBERT, capitaine-quartier-maître; AUBERT, capitaine; DUBOUCHERON; BOURCE, adjudant-major; D. DEROLAND; GÉRARD, lieutenant; FORCE, lieutenant; A. CHAUVET; LABARCHÈDE, chirurgien-major; DESENANCOURT, sous-lieutenant; C. DUHAZIER, lieutenant; GAGNANT, lieutenant; V. CALVERT, sous-lieutenant; DE-PALMAS, sous-lieutenant; Th. FITZGERAL, sous-lieutenant; le marquis DE PARNY; BONNARDEL, capitaine d'artillerie; V. DEJEAN, capitaine de maréchaussée; le chevalier MEDER, capitaine des vétérans; DORCE père, lieutenant; B. PRATRIE, lieutenant de maréchaussée; DE SAINT-SAUVEUR, maréchal-des-logis; C. DE-LATOUR, maréchal-des-logis; RUPERT, brigadier; DESNONCOURT, maréchal-des-logis; PREUSSE, maréchal-des-logis; M. PERAULT, brigadier; MARCELIN PAYET, brigadier; J. G. GRÉGOIRE, brigadier; BUQUET, adjudant-sous-officier; LAGARDÈRE, sergent-major; HERMAN, sergent-major; KERGUENE, sergent-major; ROCHIER, sergent-major; PAROD, sergent-major; GOUPILLÈRE, sergent; PASQUET, fourrier; FORGET, fourrier; HELLY, fourrier; LEOZON, sergent; RICHE, fourrier; HURAND, sergent; RELNIGUER, sergent; RIBARNE, sergent; PERRINEAU, sergent; FORTIN, sergent;

* BILLON, maréchal-des-logis; IBART, fourrier;
FAVRE, sergent; SEIVE, sergent; BREARD, sergent; POTIER, sergent-major; LAMBERT, lieutenant.

———

Saint-Denis, île de Bourbon, le 7 août 1817.

Les officiers du bataillon de la milice royale du
quartier Saint-Denis, à M. le comte de Bouvet, maréchal de camp, ex-commandant pour
le Roi.

Général,

Nous voudrions qu'il nous fût possible de
vous exprimer, comme nous l'éprouvons, la reconnaissance que nous conserverons toujours
dans nos cœurs, comme habitans de cette colonie, pour la protection que vous nous avez
accordée. Par votre conduite noble et fidèle
pour la cause de notre bien-aimé Souverain,
nous nous sommes trouvés les seuls Français
jouissant du bonheur d'être encore protégés par
notre noble pavillon, lors des plus grands malheurs de notre patrie.

Comment pourrons-nous jamais oublier, général, que c'est à vous que nous devons le bonheur d'avoir joui de la plus grande tranquillité
intérieure, et celui bien plus inappréciable d'ap-

partenir encore à notre auguste Souverain, màl-
gré les puissans efforts des ennemis de la France.
Notre bon Roi, sensible à notre fidélité, a ré-
pandu et répand encore ses bienfaits sur les habitans d'une colonie qu'il a été plus d'une fois
au moment de perdre dans les derniers orages.
Aussi voyons-nous, général, avec la plus vive
satisfaction, qu'il a justement récompensé les
services que vous lui avez rendus dans ces circonstances.

Si dans les fonctions dont vous nous avez honorés dans le corps de la milice royale, auquel
nous appartenons tous, nous vous avons secondé pour cette cause sacrée, à laquelle nous
sommes tous dévoués, veuillez être bien persuadé, général, que nous avons été grandement
récompensés par la bienveillance dont vous nous
avez tous honorés, et par la satisfaction que nous
éprouvons aujourd'hui de notre gouvernement
légitime, pour lequel chacun de nous sera toujours disposé à tout sacrifier.

Veuillez, général, agréer l'assurance de notre
sincère reconnaissance, et celle de la haute considération avec laquelle nous avons l'honneur d'être,

Général,

Vos très-humbles et très-obéissans serviteurs,
Signé le major-général de la milice royale de la

partie de l'Est, DE LA BRETONNIÈRE; le lieutenant-colonel commandant du quartier,
RAOUL; C. HOUBERT, capitaine des dragons; le
capitaine aide-major, BLANCHIN; le capitaine
des grenadiers, SAVIGNON; SOLESSE LA BASTIL,
capitaine des chasseurs; AUBRY, capitaine;
WELMAND RAVINET, capitaine en second;
GLUDIC, sous-lieutenant des chasseurs; B.
JOSSET, officier des chasseurs; KSAINT, lieu-
tenant-quartier maître; G. LESPORTE, sous-
lieutenant des grenadiers; HOUBERT fils, capitaine; GOUREL DE SAINT-PERNE, sous-lieutenant; WELMAN fils, sous-lieutenant; ED.
PITOIS fils, sous-lieutenant; Th. RAOUL, lieutenant des grenadiers; PERRIER, officier des
chasseurs; DE LANGLARD, capitaine en second; MILLON DES MARQUET, lieutenant des
dragons; le chevalier DE JOUVANCOURT, capitaine commandant la compagnie d'artillerie
du vent; G. DELAPRADE, lieutenant d'artillerie; LEGRAS, capitaine en second des grenadiers; A. MELLERAND, officier de dragons;
FITZGERAL fils, lieutenant; GIVRAN DE FON-
DAMIÈRE, capitaine commandant la 3e compagnie; L. DE LANUX, capitaine en second;
DE FITZGERAL, capitaine commandant la paroisse de Sainte-Marie; ROUXEL DE SAINT-

Remy, lieutenant; Desbras, lieutenant; Beaux
Villain, sous-lieutenant; Gamin, lieutenant;
L. Bequé, capitaine en second; Tetiot, lieutenant; J. de Tourris, lieutenant; B. Gourel
de Saint-Perne; Le Gay, lieutenant.

Ile de Bourbon, 10 août 1817.

Les officiers des dragons, au nom de leur compagnie, à S. Exc. le comte de Bouvet, chevalier de Saint-Louis, officier de la Légion
d'honneur, maréchal des camps et armées
du Roi.

Général,

Permettez à la compagnie des dragons de
vous adresser l'expression des regrets que lui
fait éprouver votre départ.

Composée de colons, formée par vous à l'ins-
tar d'une troupe d'élite, elle n'oubliera jamais,
général, que vous avez sauvé la colonie, et que,
lorsque pour la défendre vous marchâtes à la
tête du brave régiment d'Angoulême et de la
milice, ce fut cette même compagnie que vous
plaçâtes près de vous; une telle confiance dans
son dévoûment à la cause du Roi, les bontés
dont vous avez toujours comblé les dragons,

sont à leur reconnaissance des titres que rien ne peut égaler, si ce n'est la haute opinion qu'ils ont de votre amour et de votre dévoûment pour le Roi.

Ajoutez encore à vos bienfaits, général : dites au Roi que la compagnie des dragons de Bourbon, fidèle à la devise *Deo et Regi*, qui décore l'étendard que vous lui avez confié, saura, dans tous les temps, vaincre ou mourir pour le défendre.

Recevez, général, agréez, par l'organe de ses officiers, les adieux que vous adresse la compagnie de dragons; ses vœux, ses sentimens tendres et respectueux vous suivront partout.

Vos très-humbles, très-obéissans et très-dévoués,

Les officiers de la compagnie de dragons,

Signé Charles HOUBERT, capitaine; DE MILLON DES MARQUET, lieutenant; THÉODOSE MOY DE LACROIX, lieutenant; MELLERAUD aîné, sous-lieutenant, à Saint-Denis; DUPARC fils, sous-lieutenant; A. MELLERAUD, lieutenant, à Ste.-Rose.

Les officiers de la milice royale du quartier
Sainte-Suzanne, maire et notables habitans,
à Son Excellence le général comte Bouvet
de Lozier, chevalier de l'Ordre royal et militaire de Saint-Louis, officier de l'Ordre royal
de la Légion d'honneur, ci-devant commandant à l'île Bourbon, pour Sa Majesté.

Général,

Vous ne quitterez point cette colonie sans
recevoir l'expression de notre respect, de notre
amour et de nos regrets.

Vous les avez mérités ces sentimens, général ; ils vous sont acquis et vous seront conservés par nos enfans, auxquels nous les rappelle-
rons sans cesse.

Après vingt-cinq ans d'une révolution qui
nous avait retirés de la glorieuse domination de
nos princes légitimes, cette colonie était tom-
bée dans un état de langueur qui annonçait sa
ruine prochaine. A son retour au trône de ses
ancêtres, le Roi voulant nous traiter en enfans
chéris, ne put nous donner une plus grande
preuve de sa bonté qu'en nous envoyant le général comte Bouvet. La mémoire de son père,

qui avait fait bénir son gouvernement par nos devanciers, la réputation de l'amour et du dé-voûment héroïques pour le Roi, et celle de ses qualités personnelles firent voler tous les cœurs au-devant de lui.

Il arriva, le dimanche 2 avril, la bannière blanche à la main, et le premier replanta, sur notre déplorable île, l'antique et glorieux pa-villon de nos pères, dont l'influence devait bientôt renouveler le sort, la force, l'attitude, les sentimens et les opinions de cette colonie : il nous montra, par son exemple, comment il fallait aimer, comment il fallait servir le Roi.

Effectivement, général, nous ne l'oublierons jamais : votre premier soin fut par vos ordon-nances, vos avis, votre exemple, par vos ma-nières simples, religieuses et douces de tâcher de réunir tout ce que la révolution avait désuni, de ramener tout ce qu'elle avait égaré, de pu-rifier tout ce qu'elle avait souillé, de rétablir enfin tout ce qu'elle avait détruit.

Vous ne nous promîtes rien, général; mais progressivement, et sans faste, vous fîtes tout pour le bonheur de cette colonie, qui n'a pas cessé un instant de vous occuper. Simple, mais noble dans vos manières, tous les colons furent accueillis avec bonté chez vous. Sévère à vous seul, vous avez été ferme, mais toujours humain.

La religion, les mœurs, la justice et les autorités ont été rétablies, respectées et considérées sous votre gouvernement.

Convaincu que nos bras et nos cœurs étaient dévoués au service du Roi, et que vous les trouveriez toujours dans le besoin, vous avez senti que le cultivateur obligé de surveiller ses travaux et ses esclaves, ne pouvait y suffire avec le service de la milice royale; et les mesures que vous avez prises à cet égard, sans occasionner le moindre inconvénient, n'ont produit que de bons effets.

Aussi, dès la nouvelle de l'apparition de l'usurpateur en France, à peine le cri de votre cœur, *vive le Roi! vivent les Bourbons!* fut-il sorti de votre bouche et des voûtes du gouvernement, qu'il a retenti dans tous les cantons de l'île, et les fidèles habitans vous ont adressé leurs vœux pour le Roi, pour les Bourbons! C'est vous, général, qui nous avez donné l'élan; c'est votre sagesse, c'est votre dévoûment au Roi qui nous ont préservés de la conflagration de cette colonie.

Un nouveau danger se présenta : en octobre l'île est investie par les Anglais........ honneur

et gloire vous soient à jamais rendus, général!
Activité, prudence, fermeté, vous avez tout dé-
ployé, vous n'avez forcé personne; les braves
et les fidèles ont volé sur vos pas; votre exemple a même entraîné les faibles. L'honneur du
pavillon est resté intact, il n'a pas cessé un instant de flotter sur nos rivages; et la colonie
vous doit l'honneur, peu partagé, d'avoir con-
servé l'antique étendard des Bourbons et de la
France sans secours étrangers.

La paix, qui venait ramener la joie dans nos
cœurs, vint aussi découvrir les plaies de notre
intérieur : ce n'est pas à nous à juger des mesures que vous avez prises en cette circonstance
pour en sonder la profondeur et y remédier :
nous ne pouvons parler que des résultats. Depuis ce moment l'ordre fut rétabli dans les finances, dans les différentes parties du service
et de l'administration. La paix a régné partout
dans toute la colonie; nous avons vu le pays
marcher graduellement et à grands pas au point
de prospérité dont il pouvait se flatter sous le
chef qui le gouvernait, lorsqu'il a été arrêté
par son rappel.

Puisse du moins, général, le Roi, notre père
commun, acquitter cette colonie envers vous,
en vous comblant de ses faveurs, et en vous

environnant de la considération et de la gloire que vous avez si bien acquises !

Allez vers lui, général, portez lui l'expression de notre amour et de notre fidélité ; portez lui tous nos vœux; nos regrets, nos bénédictions vous suivront partout. Soyez favorisé dans votre retour vers la mère-patrie, dont vous avez si bien mérité, et qui doit s'enorgueillir de vous.

Ne perdez jamais de vue une colonie au bonheur de laquelle vous avez si constamment travaillé et tant contribué, dont vous connaissez si bien les besoins et les ressources. Les ordonnances, les établissemens utiles que vous avez confectionnés, ceux que vous aviez commencés, et tous ceux que la trop courte administration qui vient de finir avait projetés, sont des monumens éternels de la sagesse, de la bienveillance, de la capacité et de la loyauté du chef que nous regretterons toujours.

Nous sommes avec respect,

General,

Vos très-humbles et très-obéissans serviteurs,

Signé Le lieutenant-colonel commandant le quartier, M. DEJEAN, chevalier de Saint-Louis et de la Légion d'honneur; le capitaine de paroisse Depalmas, chevalier de Saint-Louis; Vabois, maire de Saint-André; Minot, prêtre missionnaire, curé de Saint-André; Charles Houbert, commandant les dragons, chevalier de Saint-Louis et de la Légion d'honneur; P. Josset, lieutenant-colonel, chevalier de Saint-Louis et de la Légion d'honneur; Defondamière, chevalier de Saint-Louis; Roudic, chevalier de Saint-Louis; Millon des Marquet, chevalier de Saint-Louis; Ferry Desclans, chevalier de Saint-Louis; le chevalier Meder, chevalier de Saint-Louis; Peyre de Vallergue, chevalier de Saint-Louis; Moy de la Croix, chevalier de Saint-Louis; Raoul, lieutenant-colonel, chevalier de Saint-Louis et de la Légion d'honneur; Defitzgeral, commandant de paroisse, chevalier de Saint-Louis; Cornuau, chevalier de Saint-Louis; le commandant-général de la milice royale de la partie de l'Est, chevalier de Saint-Louis et de la Légion d'honneur; de la Bretonnière, lieutenant-colonel; Aubry, capitaine, chevalier de Saint-Louis; Devilleneuve Champiere, chevalier de la Légion d'honneur; le capitaine-commandant l'artillerie de la milice royale de la partie de l'Est, chevalier de

l'Ordre royal de la Légion d'honneur, Charles
de Jouvancourt; G. Dumesnil Darentière,
chevalier de la Légion d'honneur, commandant à la Possession ; Devillepré , chevalier
de la Légion d'honneur ; Diomat père , capitaine de la milice royale ; Blanchin , capitaine aide-major ; Welmant, capitaine;
Welmant fils , lieutenant ; le Vilain des
Rabines , ancien président de la Cour d'ap-
pel ; Munier , ancien magistrat ; Amand
Léon, capitaine des milices ; François Gron-
din; M. Moy de la Croix; Roudié fils; Auguste Roudié; Diomat, ex-ingénieur, chevalier de la Légion d'honneur; Aristote Depalmas; Depalmas cadet; B. Lambert ; Eu-
gène Prevost de Lacroix, avoué du gouvernement; Ferry fils; E. Vabois ; Lafosse;
Ducastaing ; Goureau, adjudant-sous-officier ; A. Merlau ; Vabois fils ; Vaulbert
Chantilly ; Théodore Dejean , lieutenant
d'artillerie de la milice royale de la partie
de l'Est de l'île Bourbon ; D. Dejean ; Serpe;
Desmanieres; Charles Robert ; L. Laurin ;
Russel de Bedford ; Calvert cadet; V.
Calvert; le commis de marine, Calvert
fils ; R. Robert ; L. Meder fils; B. Josset ;
Maurel , lieutenant ; Gagnand, lieutenant ;

DEPALMAS, sous-lieutenant; PASSY DEJEAN; NAIRAC fils; ERASME DE LANUX; Joseph BÉRARD; MONIQUE DE LÉON; V. FONJOLY; NU WELMAN; Augustin MAILLOT; ancien lieutenant d'artillerie; BLÉMONT MAILLOT, V. ROUX; Joseph MAILLOT; DUMELON; VERTPRÉ, ancien officier; TERINCOURT, lieutenant; J.-Baptiste L'HÉRITIER, ancien sergent; FONNOURY; FORTIER; WELMANT; FLORIMORT WELMANT; Cadet DUMESNIL; BARQUISSEAU, maître en chirurgie; DARI DE LANUX, maire de Sainte-Marie; BARQUISSAU fils; WELMANT DESBRAS; DESBRAS fils; GUILLEAUMEAU; PREVOST DE LACROIX père; GOUDAL; GALLET; G. DELAPRADE; REYNAUD, commis de marine; BONNIOT, conservateur des eaux et forêts; PRUCHE.

Saint-Paul, le 12 juillet 1817.

Les habitans de Saint-Paul, à M. le comte Bouvet de Lozier, maréchal de camp, ex-commandant pour le Roi à Bourbon.

Général,

Ce jour nous rappelle l'époque où nous avons appris la rentrée de l'usurpateur en France; si nous avons été un instant alarmés, vous n'avez pas tardé à calmer nos inquiétudes, par la fermeté avec laquelle vous avez agi dans cette circonstance difficile. Oui, général, c'est à vous seul que nous devons l'honneur de nous être conservés fidèles. Par votre énergie vous avez inspiré de la confiance à tous, et vous avez sauvé la colonie. Permettez-nous de vous offrir nos vœux les plus sincères pour votre prospérité et votre retour au milieu de nous.

Agréez nos remercimens pour les services que vous n'avez cessé de rendre aux habitans pendant tout le temps que vous avez administré cette colonie. Nous espérons qu'à votre arrivée en France, vous recevrez du Roi, notre bien aimé souverain, les récompenses que vous avez si dignement méritées, c'est la seule chose qui puisse nous consoler de votre départ.

Nous sommes avec respect,

Général,

Vos très-humbles et très-obéissans serviteurs.

Signé LAGOURGUE; AUBERT; G. DESJARDINS; DESJARDINS fils, commandant du quartier Saint-Paul; J.-B. LABORDE, capitaine des grenadiers; Joseph MALHERBES, capitaine des chasseurs; Joseph SALLELES, capitaine des

milices; M. VALRY, capitaine des milices;
LANGLOIS, capitaine des milices; GUENAU,
capitaine aide-major; E. DELAPRADE, ancien
chef de bataillon; Joseph DELAPRADE, lieutenant des milices; BOIS-JOLY-LE-BRETON, lieutenant des milices; BARROIS, officier de milice; DELAPRADE, lieutenant d'artillerie de
milice; G.-F. CRESTIEN, maire; MILLEMONT
RIQUEBOURG, juge de paix; KAUVAL aîné, officier d'administration; MAGNAU, adjoint du
juge de paix; le baron de LAUTURE; LA-
CAILLE, docteur en médecine; J.-B. DE VIL-
LÈLE, notable; C. LE BETOU, notable; DEN-
NEMONT cadet, notable; Ph. CHAUVET, notable; J.-B. SALLELES, notable; G. CHAUVET,
arpenteur; A. DEPARNY; DESCHAMPS; A.-
B.-B. POMPHILY; C. LE BRETON fils; P. DE-
JEAN; KOZET; LE LIÈVRE; BOTTARD d'EN-
GNY; DELANUX VIRONGE; DESJARDINS ca-
det; DIEUDONNÉ-MERCIER; LUCAS; A. SAN-
GLIER; R. VIRONGE DE-LANUX; Louis DELA-
NUX; THIERI; BOSSE père; J. DEJEAN; E. DE-
GAILLANDE; J.-D. LE BRETON.

Les hommes de couleur, habitans du quartier Saint - Denis, au général comte de Bouvet.

Général,

Vous avez cessé d'être notre gouverneur, mais nous ne cesserons point de vous honorer et de vous aimer.

Plus capables de sentir profondément que de nous bien exprimer, nous ne chercherons point à rappeler ici ce que vous avez fait pour la gloire et la prospérité de notre pays. Nous nous contentons de reconnaître, dans la gratitude de nos cœurs, que nous avons été parfaitement heureux pendant toute la durée de votre administration, qui n'a d'autre défaut à nos yeux que d'être trop courte : et pour ne pas nous plaindre de votre rappel, qui nous prive de tout le bien que vous vous proposiez d'ajouter à celui que vous nous avez déjà fait, nous avons besoin de penser que le Roi ne vous fait revenir auprès de lui que pour vous attacher encore plus utilement à son service.

Allez donc, général, recevoir les récompenses qui vous sont dues à tant de titres; et ajoutant une nouvelle grâce aux bontés dont vous nous avec déjà comblés, daignez être notre organe auprès de Sa Majesté, et l'assurer que si des considérations politiques nous placent ici en seconde ligne, nous ne reconnaissons point de supérieurs dans notre dévoûment et notre vénération pour elle et pour son auguste famille.

Bientôt, général, vous serez loin de nous ; mais soyez bien persuadé que les distances n'affaibliront point les sentimens que vous avez si bien su nous inspirer, et que, quel que soit le lieu où vous entraîne votre destinée, vous y serez suivi de nos regrets, de notre respect et de notre amour.

Signé J. M. MONTCLAR ; L. FRANÇOIS ; J. F. NONAT ; Joseph-Jean MARIE ; A. TANDRIA ; L. R. TANDRIA ; L. ARNOLD ; André CHARLOT ; L. A. FULGENCE ; L. PRÉMONT ; TÉODULE ; P. F. LACOUTURE ; Philippe MARCELIN ; P. PREMONT ; V. LACOUTURE ; PHILIPPE fils ; J. B. PHILIPPE ; A. Jean MARIE ; L. PREMONT fils ; ROMAIN ; SOULANGES ; Etienne POURGNIER ; P. Jean MARIE ; A. HYPOLITE ; L. ROBERT ; Louis C^{tte} ; TITI SIMON ; VICTOR ; CONSTANT ; BRAHANT cadet ; Emile BRAHANT ; J. PEINE ; Bernard DUTOYAQUE ; THELESPHORE ; L. DECECILE ; J. M. PERNIER ; Louis

Marc; Jean François; Louis Arthur; Jean
Le Moine; Saint-Brahant; Jean-Jacques
Béga; Charles Samson fils; Auguste Gabiot
Chéry; J. Marie Saler; G. Anay; J. Ba-
tiste; Louis Auguste; Pierre-Louis Au-
guste; J. F. Batiste; Louis-Frédéric Du-
bois; Remi; Louis Darly; Narcisse The-
lesphore Appolinaire; J. J. Félix René;
Louis Estère; P. Armand; Chery Janvier;
P. Feron; Antoine Marie; Joseph Lalande;
J. F. Fanchin; V. Mailla fils; Louis de
Félicité; Candite Féron; J. Anay; Et.
Anay; Pierre Feron fils; Théodule.

Saint-Denis, île de Bourbon, 2 septembre 1817.

Aux sept adresses ci-dessus, je ne joindrai pas
les copies de trois autres qui m'ont été envoyées,
l'une par les habitans du canton de la Possession, la seconde par les brigades des dragons
de Saint-Benoît et de Sainte-Rose, la dernière
au nom des habitans de Saint-Joseph; ni trente
lettres particulières, exprimant toutes l'attachement le plus profond, qui m'ont été adressées
soit de Maurice, soit de Bourbon, par les personnes avec lesquelles j'étais le plus habituelle-
ment en relation, et conséquemment les princi-
pales personnes des deux îles : ce serait faire un

volume d'un simple Mémoire. Par les pièces ici relatées, l'on sera suffisamment convaincu qu'encore en cela j'ai rempli les intentions du Roi, fait chérir son gouvernement des gens de bien, en faisant respecter son autorité de tous.

~~~~~~~~~~~~~~~~~~~~~~~~~~~~~~~~~~~

DEUXIÈME PARTIE.

——

En janvier 1818, de retour à Paris, mon premier vœu fut d'être présenté au Roi, et de recevoir de Sa Majesté elle-même la plus flatteuse des récompenses, sa royale approbation.

A ma demande à cet égard, M. le comte Molé, alors ministre de la marine, opposât l'ordonnance du 13 août 1817, dont ci-joint la teneur :

« A l'avenir, les actes d'administration de « tout gouverneur, commandant pour le Roi, « ou administrateur en chef, dont les fonctions « dans les colonies auront cessé, seront, à leur « retour en France, soumis à l'examen d'une « commission spéciale qui sera nommée par Sa « Majesté, sur la présentation de son ministre « secrétaire-d'Etat de la marine et des colo- « nies.

« Aucun gouverneur, commandant ou admi- « nistrateur en chef ne pourra être présenté à « Sa Majesté avant ledit examen. »

Je n'objecterai point qu'ayant remis à mon successeur le gouvernement de Bourbon, le 1er juillet 1817, une ordonnance du 13 août précédent ne pouvait m'être applicable. Je me savais calomnié. J'étais bien aise qu'une enquête sévère, que le jugement d'une commission prouvassent que j'étais en tous points digne de la confiance illimitée dont il avait plu au Roi d'investir son fidèle sujet.

Dans la série des questions qui me furent faites, l'on en trouvera quelques-unes relatives à des actes purement administratifs, et auxquels, par la nature de mes fonctions, j'étais étranger : mais j'eus à répondre de l'administration de M. l'ordonnateur provisoire nommé par moi, et qui resta pendant vingt mois en exercice, du 31 octobre 1815 au 1er juillet 1817 : je n'hésitai pas plus à répondre de lui que de moi; l'on peut juger si ma confiance a été mal placée.

Après ces éclaircissemens préliminaires, je puis faire connaître « les points principaux qui « parurent être dans le cas de l'examen prescrit « par la décision royale du 13 août 1817, et par « les ordres de Son Excellence, en date du « 19 janvier 1818, selon l'extrait du rapport « présenté au ministre de la marine par la di-

« rection des colonies, » et tels qu'ils m'ont été communiqués officiellement par le président de la commission, le 19 mars 1818.

Actes de mon administration, soumis à l'exa-men de le commission nommée par Sa Majesté, le 2 février 1818; sur le rapport de M. le comte Molé, alors ministre de la marine, en vertu de l'ordonnance du 13 août 1817. Mes réponses et sommaire du prononcé de la commission, sur les mêmes actes, arrêté le 18 mai 1818, remis au ministre de la marine le 23 du même mois.

La commission était composée de:

M. le comte Daugier contre-amiral, président;

M. Forestier, intendant de la marine;

M. Jurieu, intendant de la marine;

M. Fécier Grandpré, juge du tribunal de cassation;

M. Boursaint, commissaire de la marine, rapporteur.

Préalablement à tout, la commission a examiné le genre et l'étendue des pouvoirs extraor-

dinaires qu'il avait plu à Sa Majesté de me conférer (*Voyez* Pièces justificatives, n° II.), après
quoi elle a prononcé « que je n'avais pas donné
« plus d'étendue à ces pouvoirs que n'en com-
« portait la dépêche officielle qui me les confé-
« rait sous la date du 18 avril 1815. »

Les 1ʳᵉ, 2ᵉ, 3ᵉ et 4ᵉ questions portant sur la
destitution ou le renvoi en France de quatre individus que j'ai cru juste et indispensable de
mettre hors d'emploi; je tairai les noms de ces
individus, les motifs du jugement porté par la
commission à leur égard, et ce que j'ai dit à
la commission relativement à eux : sans une
raison indispensable, je ne dois pas publier ce
qui a été dit à ce sujet dans le secret du conseil.

5ᵉ *question.* «Etablissement d'un fournisseur
« général (le sieur Labadie) sans marché préa-
« lable, et dont les fournitures auraient été
« payées à des prix excessifs.

« Vente au même fournisseur, des denrées
« de diverses natures, d'ustensils et d'autres
« objets provenant des magasins du Roi, et
« dont le prix aurait été fixé beaucoup au-
« dessous de leur valeur.

« Concessions et avances qui auraient été
« faites au même fournisseur. »

Réponse. L'exhibition du marché passé,

après publication, en présence de M. l'inspecteur colonial, ainsi que de la soumission de M. Labadie pour les fournitures dites *irrégulières*, répond victorieusement au premier paragraphe de cet article. Mais pour ne laisser aucun doute sur une inculpation de cette nature, j'entrerai dans les détails suivans, qui détruiront d'ailleurs entièrement ce paragraphe.

C'est l'état de dénûment dans lequel nous nous sommes trouvés en novembre 1815; d'ailleurs, sans perspective de secours prochain de la France; et ce sont aussi les instructions auxquelles les administrateurs de Bourbon avaient été renvoyés par la dépêche de son Excellence le ministre de la marine, du 10 octobre 1814 (*Voyez* Pièces justificatives, n° I), qui nous déterminèrent à changer l'ordre qui subsistait dans les magasins, et à nous assurer d'un fournisseur qui devait pourvoir à nos divers besoins, et n'être payé que tous les trimestres. Cette mesure, nécessitée, d'une part, par les circonstances, et de l'autre, étayée par les ordres du Roi, nous donnait le temps de franchir la mauvaise saison et d'arriver à l'époque où les douanes devaient commencer à rendre.

Nos instructions du 10 octobre 1814 nous renvoyaient à celles données par Louis XVI à

MM. d'Entrecasteaux et Dupuis. Celles-ci por-
tent textuellement : « Le moyen le plus sûr serait
« d'établir un munitionnaire qui, en faisant au
« Roi la condition la meilleure, fournirait à un
« prix fixe toutes les rations complètes dont les
« gens à la solde de Sa Majesté pourraient avoir
« besoin, en lui cédant tous les magasins, mou-
« lins et boulangeries qui appartiennent au Roi ;
« il en résulterait plus de simplicité dans le ser-
« vice, le Roi ne perdrait plus, soit par des infi-
« délités, soit par des avaries simulées, soit par
« la négligence des préposés, la moitié des ré-
« coltes dont il a bien voulu se charger jusqu'à
« présent, et n'aurait plus à son service des
« bâtimens dont la dépense était énorme, ni
« des gardes magasins et autres employés dont
« les fortunes ont toujours été scandaleuses. »

« Cet article est, sans contredit, *le plus digne*
« de fixer l'attention des administrateurs, *dont*
« *le premier soin doit être d'assurer la subsis-*
« *tance de la colonie.* Sa Majesté *leur recom-*
« *mande* de s'en occuper *avec tout le zèle* dont
« ils sont capables. »

Ce fut donc pour nous conformer autant
aux ordonnances qu'à notre situation, que nous
prîmes un fournisseur et réformâmes les magasins.

A l'exception des fournitures irrégulières(1), *toutes les autres ont été mises au rabais en adjudication publique*, et elles ont été adjugées à M. Labadie, parce que ses propositions étaient les plus avantageuses aux intérêts du Roi. L'expédition du procès-verbal fait foi à cet égard.

Quant aux fournitures irrégulières, ainsi que M. l'ordonnateur a eu l'honneur d'en référer dans le temps à S. Exc. le ministre de la marine, elles n'ont pu être mises en adjudication ; d'abord, à cause de l'impossibilité de prévoir tous les objets dont le besoin ne se fait sentir que d'un jour à l'autre, ensuite d'en déterminer les qualités, et de se les procurer toute l'année, ou du moins pendant un certain temps, à des prix fixes. Mais toutes précautions ont été prises à cet égard. Par convention faite avec le fournisseur, le 1er janvier 1816, il a été dit : « Que « dans le cas où le prix des divers objets fournis « pendant le trimestre semblerait exagéré, et « qu'il y aurait contestation, trois négocians « des mieux famés, *nommés par les adminis-*

(1) Ces fournitures sont dites *irrégulières*, parce qu'elles ne sont point faites tous les jours ou à des époques fixes, mais éventuellement, lorsque le besoin du service le demande.

« *trateurs*, prononceraient définitivement d'a-
« près les véritables valeurs au cours. » Les intérêts du Roi ont donc eu une garantie d'autant
plus forte, que, contre l'usage des tribunaux, le
fournisseur n'avait pas l'avantage de nommer
son arbitre, et qu'il s'était mis entièrement à la
discrétion de l'administration. Cette mesure
était d'ailleurs infiniment préférable à l'usage
établi jusque-là (que M. l'ordonnateur aurait pu
suivre sans en courir le moindre blâme) de
prendre de tous côtés sur de simples bons qu'on
faisait rentrer avec peine, ce qui retardait toujours la reddition des comptes, et n'offrait point
au Roi la garantie de l'estimation des trois négocians. C'est donc à nous que cette améliora-
tion est due.

Ces fournitures ont été accordées à M. Labadie, parce qu'indépendamment d'une réputation de probité, d'une fortune considérable et
bien acquise, c'est le seul qui les ait demandées.
La manière dont les divers paiemens des fournisseurs avaient été effectués en 1815, faisait
qu'alors on n'était du tout point curieux de faire
de ces sortes d'avances à l'administration. L'on
voulait voir avant comment le gouvernement
acquitterait ses engagemens. Mais ce qui prouve
en faveur de la mesure et même du fournisseur,

c'est qu'après un an d'expérience, elle a été encore adoptée avec le même fournisseur, par le conseil d'administration, pour 1817, dans sa séance du 16 octobre 1816; les registres du conseil font foi à cet égard.

D'après cet exposé fidèle, je crois, messieurs, vous avoir démontré, quant à l'inculpation *d'avoir établi un fournisseur sans marché préalable,* que bien au contraire nous avons fait à cet égard tout ce que les ordonnances et les circonstances nous prescrivaient pour la garantie des intérêts de Sa Majesté. Passons à la deuxième inculpation contenue dans la terminaison de ce paragraphe, qui porte : *et dont les fournitures auraient été payées à des prix excessifs.*

Les conventions passées, les états des premières fournitures, de celles du premier trimestre de 1816, ont été adressées à trois négocians par M. le contrôleur lui-même, ainsi qu'il appert par l'expédition de cette pièce déjà produite avec toutes les autres y relatives. Vous y verrez, messieurs, qu'à cette première estimation, l'on a fait joindre encore, pour plus de sûreté, celle des deux agens de change, qui coïncide, à peu de choses près, avec la première; et qu'ainsi, pour ce premier trimestre, avec de telles précautions, il n'est pas présumable *que*

les fournitures aient été payées à des prix ex-
cessifs.

Tous les états de fournitures des trimestres
suivans ont été approuvés, tant par M. le contrôleur et M. l'ordonnateur, que depuis par le
conseil d'administration, sans presque de ré-
duction, ce qui n'annonce pas d'abord de gran-
des exagérations. Mais ce qui démontre la faus-
seté de cette assertion, c'est que M. le contrôleur, bien informé par les lettres de M. l'ordonnateur, des 11 et 16 mai 1816, des clauses
et conditions mentionnées dans l'engagement
du fournisseur, et qui pouvait d'autant moins
en prétendre cause d'ignorance, qu'il avait lui-
même adressé les états du premier trimestre à
trois négocians; que M. le contrôleur, appelé
par ces mêmes lettres des 11 et 16 mai, à cri-
tiquer les états du fournissseur, à protester hau-
tement chaque fois qu'il le trouverait convenable ; que prévenu encore à temps avant le rè-
glement de compte du deuxième trimestre par
une lettre de M. l'ordonnateur, du 8 juin 1816,
dans laquelle il l'invitait textuellement *à s'occu-*
per des comptes du fournisseur, et à les lui pré-
senter avec ses observations, pour qu'il pût y faire
statuer à temps, s'il y avait lieu; c'est que M. le
contrôleur, dis-je, qu'on ne peut certainement

soupçonner d'aucun acte de complaisance envers l'administration, n'a jamais demandé l'estimation des trois négocians, qui devait avoir
lieu en cas de contestation. Ce qui prouverait
qu'il n'a point contesté, et c'était à lui à le faire,
c'est qu'il n'a jamais protesté à cet égard ; c'est
que, loin de-là, il a déclaré, avec tous les membres du conseil d'administration interpellés dans
la séance du 10 semptembre 1816, *qu'il n'avait*
point connaissance qu'il existât aucuns abus ou
usages nuisibles aux intérêts du Roi, dans les
différentes parties du service ; et, plus que tout
cela, enfin, c'est qu'il a concouru à donner à
M. Labadie ces mêmes fournitures irrégulières
pour l'année 1817. En sorte que, par sa déclaration au conseil, il a sanctionné le mode des
fournitures irrégulières contre lequel il s'était
élevé dans sa lettre du 16 mai ; et en accordant
à M. Labadie ces mêmes fournitures pour 1817,
il a reconnu qu'elles avaient été loyalement faites
par lui en 1816. Dès-lors, en voyant celui qui,
par état, devait s'élever contre des abus de cette
nature, en voyant également les membres du
conseil d'administration investis de la même faculté, en vertu de l'article 414 de l'ordonnance
de 1776, en les voyant, dis-je, tous d'accord
sur des points aussi essentiels, sur quoi se fon-

derait-on aujourd'hui pour soutenir *que les* *fournitures auraient été payées à des prix* *exhorbitans ?*

Si, malgré ce qui vient d'être dit, les prix des fournitures avaient été exagérés, il est incontestable qu'il faudrait s'en prendre à M. le contrôleur, qui, avec tous les moyens de remédier à des abus aussi crians (et il lui suffisait de demander l'estimation), loin de s'y opposer, ainsi que le lui prescrivaient les ordonnances, aurait fait au contraire tout ce qui était en lui pour induire en erreur des administrateurs beaucoup trop occupés par la nature de leurs fonctions pour se répandre chez les divers marchands, et s'y informer des prix de tous les objets de fournitures, lors surtout qu'il savait que ce soin faisait essentiellement partie des devoirs du contrôleur, qui, par ses lettres des 7 et 13 mai, s'était annoncé pour un surveillant des plus actifs.

Je crois donc, messieurs, vous avoir démontré jusqu'à l'évidence le peu de fondement des deux assertions du premier paragraphe de l'article 5 ; je passe à l'objection verbale qui m'a été faite.

L'on m'objecte, quant aux propositions faites pour les rations, « que celles de M. Béquet, du

« 23 décembre 1815, étaient plus avantageuses
« aux intérêts du Roi que celles de M. Labadie,
« en ce que M. Béquet disait dans sa lettre,
« après avoir stipulé le prix des rations, qu'il
« les donnerait au-dessous des moindres offres.»

En se pénétrant des motifs qui ont dirigé
l'administration, ainsi que l'ordonnance locale
du 1er décembre 1815, sans doute l'on s'apercevra du peu de fondement de l'objection. En
effet, pour éviter les inconvéniens des propositions publiques, sur lesquelles les concurrens
s'entendent d'ordinaire, l'administration avait
adopté le mode des propositions cachetées et
ouvertes au moment de l'adjudication, qui n'offre
point les mêmes abus ; car alors la méfiance mu-
tuelle des concurrens, jointe au désir d'obtenir
la préférence, les force à faire des propositions
aussi raisonnables que possibles, et leur arra-
chent enfin leur *ultimatum*.

Pour ne pas perdre de temps, pour traiter
tous les concurrens avec une parfaite égalité,
et pour éviter enfin tout malentendu, l'administration avait encore déterminé, par le dernier paragraphe de son ordre du 1er décembre
1815, la forme dans laquelle les propositions
devaient être faites ; en sorte qu'il ne suffisait
pas seulement de faire ses propositions, mais

il fallait les faire encore dans la forme indiquée.

Le public en avait été bien prévenu, bien averti; ce point essentiel est constant.

Au jour indiqué, les propositions furent décachetées par M. *l'ordonnateur*, en présence de M. *l'inspecteur*, *du sous-commissaire* aux approvisionnemens, et *du public* réunis au secrétariat de l'intendance. De quatre concurrens, trois s'étaient exactement conformés à ce qui leur avait été prescrit. Les propositions de M. Labadie, l'un de ces trois, parurent les plus avantageuses; l'administration dut donc adjuger, et adjugea en conformité de ce qu'elle avait elle-même indiqué. Elle ne devait aucun égard à la proposition vague et subsidière de M. Béquet, qu'elle n'avait pas autorisée. Autrement, l'injustice envers ceux qui s'étaient ponctuellement conformés à son ordre du 1er décembre, eût été manifeste.

Dira-t-on que l'administration aurait pu communiquer la proposition de M. Béquet aux autres concurrens, et appeler de nouvelles offres? Mais c'eût été retomber dans le mode des propositions publiques, et elle se fût trouvée en opposition avec son principe. Chacun alors pouvant s'énoncer aussi vaguement que M. Béquet, c'eût été à n'en plus finir.

Si l'administration s'était contentée d'appeler
le public à faire des propositions au rabais, sans
doute alors elle eût écouté celle de M. Béquet ;
mais, même dans cette hypothèse, eût-elle été
obligée de les communiquer aux autres concurrens, et de les mettre à même de faire de nouvelles
offres ? Mais après avoir déterminé et prescrit
d'une manière aussi formelle, comment les propositions devaient être faites, nul doute qu'elle
ne pouvait y déroger sans montrer une préférence d'autant plus coupable, que celui qui en
aurait été l'objet, seul était contrevenu à l'ordre
du 1er décembre 1815 ; et veuillez bien observer, messieurs, que l'avantage qui en serait ré-
sulté eût été nécessairement infiniment petit ;
car M. Béquet n'ayant point déterminé de
somme, s'étant contenté de dire vaguement
qu'il fournirait à un prix inférieur, ce prix inférieur eût été sans doute le moins possible.
Vous jugez dès-lors, messieurs, qu'un aussi
modique bénéfice n'aurait certainement pas dé-
dommagé l'administration (qui, surtout à cette
époque, avait besoin de crédit et de confiance)
de toute la défaveur qu'il lui aurait attirée.

Au surplus, telle a été la manière de voir de
MM. l'inspecteur colonial et le sous-commissaire
aux approvisionnemens, avec lesquels on ne nous

soupçonnera point de nous être entendus. D'ailleurs, la publicité de l'ordonnance du 1er décembre 1815, ainsi que les avis insérés dans la
Gazette à cet égard, attesteront toujours la
droiture de nos intentions dans cette circonstance.

Vous observerez sans doute aussi, messieurs, que si (contre ce que je crois avoir
prouvé jusqu'à l'évidence) il pouvait y avoir
quelque chose d'irrégulier dans cette mesure,
nous ne pourrions en être responsables après
avoir consulté les officiers préposés pour nous
assister de leurs conseils. Je crois, au surplus,
avoir entièrement détruit les deux inculpations
de ce premier paragraphe.

La deuxième porte : « Vente au même four-
« nisseur, des denrées de diverses natures, d'us-
« tensiles et d'autres objets provenant des ma-
« gasins du Roi, et dont le prix aurait été fixé
« beaucoup au-dessous de leur valeur. »

Les faits prouveront encore le peu de fondement de cette inculpation. Ce n'est point au
fournisseur Labadie seulement, mais à tous les
fournisseurs de la colonie appelés à concourir
à la mise au rabais des fournitures, que quelques objets restant dans les magasins avaient
été offerts dans le 7e paragraphe de l'ordon-

nance du 1er décembre 1815. L'article 4 du
marché, et auquel tous les concurrens avaient
été renvoyés pour les conditions, par l'ordonnance précitée, portait *que les divers objets
restant en magasin seraient donnés aux prix
coûtans à l'adjudicataire des fournitures*. L'on
sent que c'est une facilité que l'administration a pu, et même dû donner pour attirer
un plus grand nombre de concurrens; les propositions ont été faites en conséquence de l'annonce : dès-lors l'administration a dû tenir son
engagement. Telle est l'exacte vérité ; mais nos
dénonciateurs ne se sont point donnés la peine
d'entrer dans ces détails.

Le 3ᵉ paragraphe porte : « Concessions faites
« au même fournisseur. »

Je n'en ai aucune connaissance ; ce fait est
erroné ainsi que les précédens. Il a été fait une
vente à terme à M. Béquet, fournisseur, pour
l'année 1817, de deux cents et quelques milliers de blé ; mais cette opération, avantageuse
à l'administration, a été d'ailleurs communiquée au conseil d'administration, dans sa séance
du 12 décembre 1816. Ce blé avait été arrêté
pour l'approvisionnement de la colonie, lors
de l'incendie de l'île de France.

Voudrait-on, par les expressions vagues de ce

reproche, laisser entrevoir l'odieux soupçon d'une protection intéressée accordée par nous à un fournisseur? Quelque élevé que nous soyons au-dessus de ce reproche, nous le repousserions facilement par les preuves non équivoques de notre sévérité envers les fournisseurs, car une protection supposerait au moins de l'indulgence à leur égard.

Ordre du jour du 3 novembre 1815.

« Le pain délivré à la troupe a été jugé plu-
« sieurs fois non recevable : quand pareille
« chose arrivera, après avoir fait constater le
« fait, du pain blanc de la meilleure qualité
« sera pris chez le premier boulanger, et payé
« par l'entrepreneur. Le fournisseur sera mis à
« la redoute, et nourri, pendant quinze jours,
« du pain qu'il aura offert. »

Dans l'ordre du jour du 1er juin 1816, je disais : « Toute fourniture en vivres qui, ayant été
« offerte à la troupe, ne sera pas jugée accep-
« table, après examen légalement fait, sera je-
« tée à la mer; elle sera payée à la troupe par le
« fournisseur, à un taux supérieur au prix cou-
« rant, et, s'il y a lieu, le fournisseur sera tra-
« duit à un conseil de guerre, conformément à

« la loi du 3o prairial, et à celles des 17 et
« 21 brumaire an v. »

Prononcé de la commission.

« L'établissement d'un fournisseur général
« dans la situation où se trouvait la colonie de
« Bourbon, était une opération bonne en ellé-
« même ; elle était de plus nécessité par les cir-
« constances. Les marchés préalables et autres
« mesures conservatrices des intérêts du Roi,
« prescrites par les ordonnances, ont eu lieu :
« les fournitures n'ont donc pas été payées à
« des prix déraisonnables; mais il eût peut-être
« été à souhaiter que les fournitures dites *irré-*
« *gulières*, du moins en partie, eussent été com-
« prises dans les marchés réguliers. Au surplus,
« sur les demandes du contrôleur, plusieurs
« ont été par la suite classées dans cette caté-
« gorie.

« Les ventes faites au sieur Labadie l'ont été
« légalement, et après annonces publiques.

« On ne lui a point fait de concessions nui-
« sibles aux intérêts du Roi : l'administration
« devait aider le fournisseur dans l'intérêt du
« service; elle l'a fait.

6e *question.* « Location de la goëlette du
« Roi *le Lis,* au sieur Labadie, fournisseur

« général, pour un prix inférieur à celui qui
« aurait été offert par d'autres négocians. »

Réponse. M. Béquet a effectivement fait une
proposition plus avantageuse pour *le Lis*;
mais elle était tardive et faite après conclusion
du marché passé avec M. Labadie : la date seule
de sa proposition détruit l'inculpation; l'administration ne pouvait revenir sur une transaction déjà terminée.

Prononcé de la commission.

« La location d'une goelette de vingt-cinq à
« trente tonneaux, au prix de 1500 francs par
« mois, est une bonne opération; les proposi-
« tions supérieures faites par un autre négo-
« ciant, l'ont été trop tard, elles étaient inad-
« missibles par conséquent.

7ᵉ *question.* « Emploi par le sieur Labadie
« de la goelette *le Lis*, à transporter de Mada-
« gascar à Bourbon des noirs de traites.

« Vente au sieur Labadie, pour faciliter la
« traite, de poudre de guerre et de fusils pro-
« venant des magasins du Roi.

« Vente qui aurait eu lieu à Bourbon, de
« noirs provenant de ladite traite, au nombre
« de quatre cent treize.

Réponse. Ma tolérance supposée de la traite des noirs, a été, m'a-t-on dit, la cause de mon rappel. Examinons donc attentivement cette inculpation.

Rien ne prouve que M. Labadie ait employé *le Lis* à porter des noirs à Bourbon; et l'eût-il employé *momentanément* à cet usage, il eût pu le faire sans être en contradiction aux ordres du Roi : la dépêche de Son Excellence contenant la prohibition de la traite est arrivée à Bourbon le 1er mai, et M. Labadie avait loué *le Lis* dès le 22 mars précédent : il eût donc pu, pendant ces six semaines d'intervalle, du 22 mars au 1er mai, l'employer à ce trafic, sans être sujet à réprimande.

M. Labadie a, dit-on, écrit à M. *** pour lui offrir des noirs à acheter; mais M. Labadie ne possédait-il pas ces noirs avant que la prohibition de la traite ne fût connue à Bourbon? Ne les avait-il pas lui-même achetés à divers négocians? Sont-ils venus par *le Lis?* ont-ils été importés à Bourbon avant ou après le 1er mai? Certes, messieurs, vous conviendrez qu'il était nécessaire que tous ces points eussent été bien constatés avant d'en faire un grief à des administrateurs bien famés.

Le fait est que *le Lis* fut loué par M. Laba-

5

die pour se procurer du riz, qui était alors dans
la colonie à un prix très-élevé; qu'il fut loué
le 22 mars, et que la prohibition de la traite ne
fut connue à Bourbon que le 1er mai suivant,
six semaines après; que, dans le courant de juin,
le Lis étant de retour, je fis venir M. Labadie,
lui signifiai personnellement les ordres du ministre relativement à la traite, et lui défendis,
de plus, d'expédier *le Lis* à Madagascar, sous
aucun prétexte quelconque, ne voulant pas
qu'un bâtiment de Sa Majesté pût *même être
soupçonné* d'avoir fait le trafic des noirs après
la prohibition de ce commerce, en se montrant
dans des parages où il s'était fait auparavant.
Ces entraves furent cause qu'après quelques
jours d'hésitation, M. Labadie fit remise *du Lis*
à l'administration, vers le 1er juillet, six semaines ou deux mois avant l'expiration de son
bail, quoique d'ailleurs il tînt les autres conditions onéreuses du marché.

Ces faits prouvés par le marché passé avec
M. Labadie pour la location *du Lis*, par l'é-
poque de l'arrivée de l'ordre de la prohibition
dont M. Clérisseau, commis principal de la marine, employé à Karikal, était porteur; et enfin
par l'acte de la remise *du Lis*, où l'époque de
cette dernière transaction est relatée; ces faits

ainsi matériellement démontrés, l'inculpation s'évanouit d'elle-même.

Nous n'avons d'ailleurs négligé aucune des précautions à prendre pour la mise à exécution des ordres du ministre; aussitôt que nous les avons reçus nous les avons signifiés au commandant du bâtiment du Roi, stationnaire à Bourbon, aux chefs et employés des douanes, en leur enjoignant de tenir la main à leur exécution; nous les avons fait connaître à tous les négocians de la colonie, aux principaux habitans; et sur chacun des passéports expédiés aux navires faisant le grand cabotage, à dater du 1er mai, défense de la traite a été spécifiée en toutes lettres.

Ayant ainsi fait tout ce qui dépendait de nous pour empêcher l'introduction des noirs dans la colonie, si à notre insu il s'en était introduit à la connaissance du contrôleur provisoire, il serait seul coupable de n'avoir point dénoncé ce délit aux administrateurs, au procureur-général, au procureur du Roi, aux maires, ni enfin à aucunes des autorités du pays; et il serait d'autant plus répréhensible d'avoir maintenu les administrateurs dans l'ignorance de ce qui se passait à cet égard, que le devoir de sa place était de les prévenir de tout abus qu'il aurait pu découvrir.

Bien plus, messieurs, j'aurai l'honneur de vous observer, en vous présentant la lettre de S. Exc. le ministre de la marine, du 24 octobre 1815, n° 11, que l'introduction des noirs dans la colonie fût-elle bien avérée, les administrateurs ni aucune des autorités n'auraient pu sévir contre le coupable. En effet, la lettre de Son Excellence dit, après nous avoir signifié les ordres du Roi : « Il ne sera pas nécessaire « de publier cette disposition : mais dans les « communications verbales que son exécution « occasionnera entre vous et les colons, vous « aurez soin, etc. »

Le ministre, nous interdisant la publication de cet ordre, il était impossible de le faire enregistrer, et conséquemment de poursuivre les infractaires; et supposant même la poursuite admise par les tribunaux, il leur eût été impossible d'appliquer une peine au délit, l'ordre du ministre n'en spécifiant aucune. Hors d'état de sévir, les autorités se trouvaient donc réduites à faire de stériles remontrances.

Cette vérité si palpable a été reconnue publiquement par M le comte Molé, alors ministre de la marine, lorsque le 12 mars 1818, dans son discours aux Chambres, au sujet de la traite des noirs, il s'exprime ainsi : « Les or- « dres les plus formels, en conséquence, ne tar-

« dèrent pas à parvenir dans nos colonies et
« dans nos ports ; mais malgré leur rigueur,
« *malgré la fermeté des autorités chargées de*
« *les exécuter*, la nécessité de quelques dispo-
« sitions pénales se fit bientôt sentir. » Vous
savez, messieurs, que ces dispositions, si évidemment indispensables, ne furent prises que le
8 janvier 1817, et ne furent pas connues à Bourbon avant le 28 juin suivant. Dès lors, en con-
venant que jusque-là les administrateurs ni les
tribunaux n'auraient pu sévir contre les infractaires, vous conviendrez encore qu'ils n'auraient pu remédier à ce désordre, s'il eût existé.

Ainsi, messieurs, il vous est bien démontré :
1° que ce grief n'est appuyé d'aucun fait ; 2° que,
d'après l'exposition des faits, il est invraisem-
blable ; 3° et qu'enfin l'introduction prétendue
des noirs sur quoi il est fondé, eût-elle eu lieu
en effet, malgré les précautions prises pour
l'empêcher, il m'eût été impossible d'y remédier.

Après l'avoir aussi victorieusemen repoussé,
qu'il me soit permis, messieurs, de vous re-
présenter que ce grief, détruit à vos yeux, doit
l'être également à ceux du public ; accusé publiquement, même par nos rivaux, d'infraction
aux traités, la justification doit être aussi pu-

blique que l'a été l'inculpation. Telle a été la conduite du Gouvernement britannique vis-à-vis M. le gouverneur Farquhar, de l'île Maurice, précisément dans le même cas : le Gouvernement français ne se montrera pas moins juste à mon égard.

Quant au deuxième paragraphe, relatif à la vente des poudres et fusils provenant des magasins du Roi, l'on ne s'est point écarté de l'usage. En partant de France en 1814, nous emportâmes des poudres et fusils spécialement destinés par le ministère à être vendus au commerce, pour faciliter nos rapports avec Madagascar; ces objets ont été délivrés, comme par le passé, à tous ceux qui en demandaient, sans exceptions et sans préférence, tant qu'il en est resté en magasin, pour le commerce avec Madagascar; mais non pour la traite; puisque, comme nous l'avons dit plus haut, sur chaque passe-port expédié aux navires, défense expresse de la faire était mentionnée.

La vente de quatre cent treize noirs qui auraient été importés sur une goelette de vingt à vingt-cinq tonneaux, qui, dans les circonstances les plus impérieuses, n'a jamais pu charger plus de trente-cinq milliers de grains pesant pour l'administration, qui conséquemment en trois

mois n'aurait pas pu en trois voyages transporter de Madagascar à Bourbon plus de quatre-
vingt à cent noirs, en le supposant même favo-
risée de tous points, est une absurdité palpable, que compléterait notre réfutation de cette
7ᵉ question, si déjà elle n'avait été péremp-
toirement répondue par ce que nous avons dit
précédemment.

Prononcé de la commission.

« Il n'est pas prouvé que le *Lis* ait été em-
« ployé à la traite, et il est absurde de sup-
« poser qu'on ait pu introduire sur ce bâtiment
« quatre cent treize noirs en trois mois, que le
« *Lis* a été à la disposition du sieur Labadie, du
« 22 mars à la fin de juin, pendant lequel temps
« il n'eût pu faire que trois voyages et trans-
« porter de vingt-cinq à trente noirs pour cha-
« cun d'eux.

« M. de Bouvet a d'ailleurs reçu l'ordre pour
« la cessation de la traite, le 1ᵉʳ mai, six semaines
« après la location du *Lis*, qui est du 22 mars :
« dès ce moment, 1ᵉʳ mai, toutes les mesures
« qu'il pouvait prendre pour empêcher ce com-
« merce ont été prises par lui ; et c'est même
« en raison des défenses du général de Bouvet
« de renvoyer le *Lis* à Madagascar, sous tel

« prélexte que ce fût, qu'en juin, ce bâtiment
« fut remis à l'administration, quoique le sieur
« Labadie l'eût loué jusqu'en septembre.

  « La vente de poudre de guerre et de fusils
« provenant des magasins du Roi, a été faite
« au sieur Labadie comme à divers autres né-
« gocians de la colonie : mais cette poudre et
« ces fusils avaient été remis en 1814, par ordre
« du ministère, à l'administration de Bourbon,
« pour être vendus aux négocians de cette île,
« et faciliter leurs relations commerciales avec
« Madagascar : on ne peut donc faire un repro-
« che au général de Bouvet d'avoir autorisé cette
« vente. »

8ᵉ *question*. « Exécution de plusieurs travaux
« importans, qui auraient eu lieu sans marchés,
« et sans l'intervention du contrôleur.

  « Irrégularités dans la composition et dans
« les opérations du conseil d'administration.»

Réponse. Il faudrait d'abord connaître quels
sont ces travaux. Il est néanmoins facile de
démontrer le peu de fondement d'une pareille
assertion. Les travaux publics qui concernent
l'administration à Bourbon, ne sont confectionnés que de deux manières : par des entrepreneurs ou par la direction du génie.

Tous les travaux par entreprise, *sans la*

moindre exception, ont toujours été publics dans les gazettes, mis au rabais, etc., etc., etc. M. le contrôleur en a donc eu connaissance, il y a donc concouru, il n'a donc pu en prétendre cause d'ignorance.

Quant à ceux exécutés par le génie (et c'est la presque totalité, car grâce au zèle et à l'activité de l'ingénieur Diomat, qui suivait lui-même ses travaux, l'administration y trouvait plus d'avantage), l'exposition de ce qui s'est toujours pratiqué prouvera également que M. le contrôleur n'a pu en ignorer; dans les opérations de la direction du génie, deux choses seulement sont à considérer : la main-d'œuvre et la matière.

Pour la 1re, ce sont des noirs ouvriers que l'administration loue à des prix courans et parfaitement connus : ce soin concerne l'ingénieur, sous la surveillance du contrôleur, qui, aux termes des ordonnances, a une inspection directe sur les ouvriers; il juge de leur capacité, et conséquemment de leur prix : il inspecte, ou doit inspecter les travailleurs à des heures différentes et imprévues; il fait des appels quand bon lui semble, et dès-lors il s'assure encore de leur assiduité : ainsi donc, quant à la main d'œuvre, ce reproche n'est point admissible.

Quant aux matières, les grosses fournitures exceptées (et celles-ci sont toujours faites par entreprises et au rabais, et le marché s'ensuit nécessairement), elles sont portées en recettes, jour par jour, aux magasins; et monsieur le contrôleur, qui, aux termes de l'ordonnance, doit toujours y être représenté, qui doit même en arrêter les livres tous les jours avec ses observations en marge, lorsqu'il les croit nécessaires, ne peut très-certainement encore prétendre cause d'ignorance à cet égard. Bien plus, ces matières étant encore portées sur les états du fournisseur, arrêtés tous les mois, où même tous les quinze jours par M. le contrôleur, qui a toujours eu la faculté de faire estimer par trois négocians les objets qui ont pu lui paraître trop chers; ces mêmes états étant encore soumis article par article au conseil d'administration, auquel M. le contrôleur a constamment assisté (car telles étaient les précautions prises à cet égard par les administrateurs), comment imaginer qu'il en ait ignoré?

Ainsi, messieurs, après vous avoir démontré que M. le contrôleur n'a pu se dispenser d'intervenir dans la confection des travaux par entreprise, ainsi que dans ceux exécutés par la direction du génie, vous sentirez sans doute encore l'absurdité de cette inculpation; passons à ce qui concerne le conseil d'administration.

Le dernier paragraphe de l'article VIII porte : « Irrégularité dans la composition et « les opérations du conseil d'administration. »

La conduite des administrateurs, à cet égard, a été conforme aux ordres de S. Ex. le ministre de la marine, aux localités et au peu de choix qu'ils avaient à faire pour composer le conseil d'administration. Dès-lors l'on ne peut raisonnablement arguer contre sa composition.

Les ordres de Son Excellence nous sont parvenus par M. le comte Dupuis, arrivé à Bourbon le 27 août 1816 ; ils sont datés du 10 mai de la même année, et adressés à messieurs les administrateurs; et dès-lors le ministre était informé de la mise en activité de M. A. de Lanux comme ordonnateur provisoir; la dépêche officielle ici annexée sous le n° 3 en fait foi; elle accuse la réception des lettres à ce relatives.

Le 3 septembre, huit jours après la réception de ces ordres, paraît l'ordonnance locale qui organise le conseil d'administration à Bourbon, et c'est le 10 suivant que la première séance fut ouverte. L'empressement des administrateurs à cet égard, fait voir qu'ils ne craignaient point

d'apporter le plus grand jour dans l'administration.

Les administrateurs restent chargés de la
composition du conseil, d'après le texte de la
dépêche de S. Ex., qui porte : « *Vous aurez*
« *à déterminer de quels élémens il devra être*
« *composé ;* » il leur est ordonné « *de rendre*
« *compte de diverses modifications que leur*
« *aura paru exiger, dans les détails de son ap-*
« *plication, l'ordonnance du 29 novembre 1815,*
« *de se conformer aux localités ; et ils sont in-*
« *vités à la mettre provisoirement en activité.* »
C'est cependant ce que les administrateurs,
sans se prévaloir de la latitude qui leur était
accordée, n'ont exécuté qu'en conformité des
ordonnances du 15 juillet 1785, et du 27 septembre 1776, pour se rapprocher le plus possible de leurs instructions primitives.

L'on voit effectivement, dans la première, le
conseil composé du général, de l'intendant,
de l'officier militaire de l'état-major supérieur
en grade, du plus ancien officier d'administration et du contrôleur.

Dans la deuxième, du général, de l'intendant, du directeur de l'arsenal, du commissaire général, du major de la marine, du contrôleur secrétaire du conseil.

Et nous avons composé le conseil d'administration comme il suit : le général, l'ordonnateur,
le commandant en second de la colonie, le plus
ancien officier d'administration, le directeur
d'artillerie, et le contrôleur faisant fonction de
secrétaire. L'on verra même que les administrateurs se sont encore conformés autant que
possible à l'ordonnance du 29 novembre 1815,
qui nous était adressée par Son Excellence, si
l'on considère, que le port ne formant point
une direction à Bourbon, nous avons dû préfé-
rablement admettre au conseil le directeur d'artillerie.

De suite, il en a été référé à S. Ex. le ministre de la marine, dès le 1er septembre ; et cette
dépêche fut expédiée le 12, par *le Mercure*,
le premier navire qui partit de nos rades après
la réception des ordres de Son Excellence ; tout
ce qui a été prescrit aux ordonnateurs ayant
été ponctuellement exécuté, ce que dictait le
bon sens et la loyauté ayant été fait, l'on ne
pourrait raisonnablement disconvenir que le
conseil n'ait été bien et dûment organisé ; et
dès-lors, il serait difficile de revenir sur ses
actes, sans léser l'équité, les conventions, la
foi publique, c'est-à-dire, ce que la société doit
avoir de plus sacré. Je dirai plus, eussions-

nous erré, ce que nous avons fait est légalement fait, car nous avions ordre de faire et
pouvoir de faire comme nous le jugerions convenable.

L'on m'objecte la parenté qui existait dans
le conseil?

Mais bien que cette raison soit admise pour
les tribunaux, nous ne sachons pas qu'elle
existe pour les conseils d'administration. Les
ordonnances se taisent à cet égard, et il est de
principe que l'on peut faire ce qu'elles ne dé-
fendent pas. Pouvait-on d'ailleurs ne pas admettre au conseil le chef d'administration, qui
se trouvait par alliance parent du général? En
admettant au surplus que les administrateurs
aient été dans l'erreur à cet égard, c'était encore
à monsieur le contrôleur de les en tirer, et
surtout de leur démontrer qu'ils pouvaient
mieux faire.

Quant aux irrégularités qui se seraient glis-
sées dans les opérations du conseil, s'il en existait, ce que nous ne croyons pas, elles n'auraient pu tirer à de graves conséquences, et il
n'y aurait à cela rien d'étonnant, attendu la
nouveauté de l'institution dans la colonie. L'erreur serait donc encore bien excusable, si surtout vous vouliez bien, messieurs, considérer

la promptitude des administrateurs dans l'exécution des ordres du Roi, et la loyauté de leurs
intentions dans l'empressement qu'ils ont mis
à informer, *dès la première séance,* les membres du conseil, de leurs droits et de leurs devoirs, par la connaissance qu'ils leur donnent de
l'article 414 de l'ordonnance de 1776. « Tous
« les membres du conseil qui auront connais-
« sance de quelques abus ou usages nuisibles
« aux intérêts du Roi, seront tenus d'en faire
« rapport au conseil, qui, si le cas le requiert,
« nommera des commissaires pour examiner
« l'affaire, » et qu'interpellés par moi président
du conseil, ces messieurs ont unanimement
répondu « qu'ils ne connaissaient aucuns abus
« ou usages nuisibles aux intérêts du Roi, exis-
« tans dans la colonie. »

Depuis, par notre ordonnance du 9 novembre 1816, il a été dit « que le contrôleur ne
« cesserait point d'être au nombre des officiers
« d'administration, sous les ordres de l'inten-
« dant, et qu'il demeurerait, vis-à-vis des deux
« administrateurs, dans la même situation où
« il était avant l'ordonnance du 29 novem-
« bre 1815. » La suite de notre ordonnance en
déduit les raisons et démontre l'indispensable
nécessité de cette disposition, à un aussi grand

éloignement de la métropole. Le cas s'était d'ailleurs présenté, et l'on a vu que, sous pré-texte de l'indépendance de sa place, un con-trôleur s'était *refusé d'obéir* à l'ordre qui lui avait été donné d'inspecter les livres des bu-reaux, partie essentielle de ses attributions. L'on sentira sans doute que si le contrôleur doit être indépendant lorsqu'il exerce, il faut aussi qu'il y ait une autorité qui puisse le con-traindre d'agir lorsqu'il ne veut pas s'acquitter des fonctions qui lui sont confiées.

Prononcé de la commission.

« Les travaux qui ont été faits par la direc-
« tion du génie n'ont point été mis à l'entre-
« prise, et ce sont les seuls qui aient été faits
« sans marché ; mais pour la confection de ces
« travaux, il faut main-d'œuvre et matière : or,
« les ouvriers sont sous la surveillance directe
« du contrôleur, et les achats de matières ne
« peuvent avoir lieu sans sa participation ; par
« conséquent, le contrôleur a été informé né-
« cessairement de tous les travaux faits.

« Il eût été en effet à souhaiter que le conseil
« d'administration eût eu plus d'indépendance;
« néanmoins, il a été composé de la manière la

« plus convenable qu'on pût employer, avec les
« élémens existant à Bourbon. »

9ᵉ *question.* « Fournitures en tous genres,
« faites au compte du Roi, à M. de Bouvet et à
« M. Delanux, pour l'entretien et la dépense de
« leurs maisons; achats considérables, pour les
« mêmes maisons, de mobilier, vaisselle, ar-
« genterie, comestibles, etc.

10ᵉ *question.* « Paiemens que M. de Bouvet
« s'est fait faire de son traitement d'inactivité,
« comme maréchal-de-camp. Autres paiemens
« qu'il aurait indûment exigés, de frais de tour-
« née, de traitement d'un secrétaire, de gages de
« deux jardiniers, etc. »

Réponse. J'ai fait des demandes de dépenses
extraordinaires toujours nécessitées, fondées
sur les ordonnances ou sur l'usage, soit pour des
fêtes publiques, qui toujours avaient été sup-
portées par le trésor royal, soit pendant le blocus, où j'étais obligé d'avoir près de moi, nuit
et jour, une quantité de dragons, d'officiers ap-
partenant aux meilleures familles de l'île; ils
prenaient, en grande partie, leurs repas au Gouvernement, devenu le quartier-général de la colonie : eh bien! tant qu'a duré cet état de choses,
je me suis fait allouer 10 piastres par jour de dépenses extraordinaires à ce sujet.

Quant au double traitement, j'ai cumulé celui d'officier-général en non activité, et celui de gouverneur, à dater du premier jour de mon arrivée dans la colonie, appuyé sur l'arrêté du 23 frimaire an XII. La demande en fut faite par moi, en 1814, lors de mon départ de France, aux ministères de la guerre et de la marine, et réitérée par M. l'ordonnateur de Bourbon, en mai 1815; et cette dépense avait été consentie par lui, sur l'avis motivé de l'inspecteur colonial, dès l'instant de notre arrivée à Bourbon, en avril 1815. Elle était fondée sur les ordonnances; cette faveur avait été accordée au vice-amiral de Vaugiraud, gouverneur de la Martinique, et au contre-amiral Linois, gouverneur de la Guadeloupe. Le ministre, informé dès le premier moment, n'a point improuvé cette dépense : j'en ai joui en toute confiance, et j'ai dû le faire, d'après la dépêche ministérielle du 9 mai 1816, ici relatée sous le n° III.

Lors de mon arrivée à Bourbon, l'hôtel du Gouvernement était denué de toute espèce de meubles, généralement quelconque : suivant l'usage auquel je me suis conformé, il devait être meublé et entretenu aux frais du Roi : il l'a été.

Les ordonnances accordaient des frais de re-

présentation, des rations de bouche et de four-
rage aux généraux commandant les divisions
et les départemens : ils en jouissaient dans les
colonies. J'ai cru avoir les mêmes droits; la réclamation de fournitures régulières de vivres,
luminaire, bois, fourrages, en compensation
de ces droits, n'a point été clandestine, mais
faite ouvertement, motivée, et par écrit ; elle
fut adressée à M. l'ordonnateur de la colonie, le
1er août 1815 : elle a été soumise au ministère
dans le temps, et les fournitures ou livraisons
faites en vertu de cette réclamation, ont paru
à leur place sur chaque état de trimestre ; le
ministère a donc été bien et dûment informé.
J'ai joui pendant vingt-sept mois, sans observation de sa part ; je pense donc avoir joui à bon
droit, et j'ai dû le faire en toute confiance, depuis la dépêche ministérielle ici relatée sous
le n° III.

Au surplus, mon traitement fixe de 24,000 fr.
ayant été porté pour mon successeur à 40,000 f.,
y compris toutes allocations, cela prouve que
Son Excellence a été convaincue que le traitement dont je jouissais était insuffisant, et que
des allocations étaient nécessaires à la place que
j'occupais.

Un secrétaire est indispensable au gouvernement : cette place figure sur le budjet approximatif offert au ministre avant notre départ de France en 1814; elle figure sur le budjet proposé pour 1816, et Son Excellence ne l'a pas improuvé.

Pour les jardiniers, l'usage avait toujours été d'en accorder pour les établissemens du gouvernement, de l'intendance, etc. Je n'ai fait que m'y conformer. Ils figurent sur le budjet de 1816, et Son Excellence ne l'a point improuvé.

Quant à M. A. de Lanux, les seuls meubles qui aient été achetés par lui pour l'intendance, consistaient en trois canapés rotinés, douze fauteuils rotinés, six chaises, deux tables, un portrait du Roi et quatre globes, le tout pour la salle d'audience. Le surplus avait été trouvé à l'intendance : c'était fort peu de chose. Quant aux objets de consommation, tels que bougie, huile à brûler, bois et charbon, il a suivi l'usage établi jusque-là de temps immémorial : ce sont les seuls qui lui aient été délivrés.

Les dépêches ministérielles des 17 septembre et 26 novembre 1816, fixant pour l'avenir à 36,000 fr. pour le gouvernement, et à 30,000 fr. pour l'intendance, les prix des ameublemens des deux hôtels, les frais annuels d'entretien de mobilier à 3,600 francs pour le gouvernement, et 3,000 fr. pour l'intendance, et les frais de représentation à 12,000 fr. pour le gouverneur, et 10,000 fr. pour l'intendant, en sus des appointemens fixes, interdisent pour l'avenir toutes autres allocations quelconques, et par-là sanctionnent naturellement le passé.

Cette sanction est une conséquence de la dépêche ministérielle du 9 mars 1816, dans laquelle Son Excellence, après avoir accusé la réception de mes depêches, bien informée de l'ordre établi à Bourbon, approuve en masse notre conduite de la manière la plus précise, et finit par dire : « Je prépare en ce moment une « expédition pour Bourbon ; elle vous portera « mes réponses aux divers objets de votre « correspondance, et vous devez compter sur « la faveur du gouvernement pour toutes celles « de vos demandes auxquelles les circonstances « permettront de déférer. » (*Voyez* Pièces justificatives, n° III.)

Enfin, toutes nos dépenses réunies eussent-elles été plus fortes que celles allouées, à la place que nous avons occupée, par les dépêches des 17 septembre et 26 novembre 1816 (ce qui ne serait pas étonnant, vu que nous avons été obligés de former un premier établissement, de monter la machine, et que nous avons passé par les cent jours) ; quand, dis-je, nos dépenses faites pendant la durée de notre administration pour les objets qui font le sujet des 9ᵉ et 10ᵉ questions surpasseraient les sommes allouées pour ces mêmes objets, par les dépêches des 17 septembre et 26 novembre 1816, on ne pourrait rien arguer contre nous. Aucune loi n'a d'effet rétroactif ; les dépêches précitées n'ont pu être en vigueur qu'après leur arrivée à Bourbon, et elles y ont été apportées par mon successeur.

Après avoir déduit les moyens ordinaires en ma faveur, s'il était nécessaire, je m'appuierais sur mes pouvoirs discrétionnels ; j'ai cru que l'hospitalité et la représentation étaient des moyens de réussite. J'ai toujours eu une table de six couverts ; les dimanches douze personnes étaient invitées : le gouvernement était ouvert à tous les habitans, et offrait un asile à tous les officiers supérieurs français ou étrangers qui venaient dans l'île, et à ceux qui de l'intérieur de l'île venaient à Saint-Denis. J'ai cru cette manière d'être convenable et nécessaire ; la dépense qu'elle peut avoir occasionnée est plus que compensée par les heureux résultats que j'ai obtenus ; elle a tourné en cela au bien du service du Roi, et à celui de la colonie. Elle est donc justifiée : car j'étais autorisé « à prendre « les mesures que je croirais convenables. »

Prononcé de la commission.

« Pour l'ameublement des hôtels du gouver-
« nement et de l'intendance, MM. de Bouvet et
« de Lanux paraissent avoir suivi les usages
« établis avant eux. D'ailleurs, les lettres de
« Son Excellence, des 17 septembre et 26 no-
« vembre 1816, en réglant ce qui sera fait à
« l'avenir à ce sujet, sans improuver le passé,
« sanctionnent naturellement ce qu'ont fait ces
« messieurs à cet égard.

« M. de Bouvet a pu se croire autorisé par
« l'exemple de MM. de Vaugiraud et de Linois,
« auxquels on a accordé de cumuler leurs traite-
« mens d'officiers-généraux et celui de gou-
« verneurs : puis, la demande appuyée sur
« l'arrêté du 23 frimaire an XII, en ayant été
« faite par lui au ministère en 1814, et réitérée
« par M. l'ordonnateur, en avril 1815, le paie-
« ment en ayant été autorisé provisoirement par
« l'inspecteur colonial, dès l'instant de l'arrivée
« du général de Bouvet à Bourbon, et le minis-
« tère en ayant été informé à cette époque, son
« silence à cet égard a pu paraître une adhésion.

« Les ordonnances allouent des frais de tour-
« nées ; elles ont un tarif fixe à cet égard.

« En somme, il paraît que le ministère a re-
« connu l'insuffisance du traitement dont jouis-
« sait le général de Bouvet, puisque les appoin-
« temens de son successeur ont été augmentés
« de plus de moitié : informée à temps des allo-
« cations demandées par le géneral Bouvet,
« Son Excellence, par ses dépêches des 27 sep-
« tembre et 26 novembre 1816, en accordant
« au commandant pour le Roi et à l'ordonna-
« teur des indemnités considérables, pour frais
« de représentation et entretien d'ameublement,
« paraît l'avoir fait en compensation de toutes
« les allocations dont était question dans ces
« deux derniers articles, les 9ᵉ et 10ᵉ, et dont
« elle ordonnait à l'avenir la suppression.

« En se rappelant les circonstances et l'éloi-
« gnement où se trouvait le général Bouvet, la
« commission trouve ses dépenses suffisam-
« ment justifiées. »

11ᵉ *question* « relative à la destitution et à
« l'emprisonnement d'un individu. »

Réponse. Pour les raisons précédemment
énoncées, je passerai cette question sous silence.

12ᵉ *question*. « Visites domiciliaires qui au-

« raient été faites sous prétexte d'un recense-
« ment de vivres, dans la vue de faciliter la
« vente par M. Labadie, de quatre cents mil-
« liers de maïs, en obligeant à s'en approvision-
« ner les propriétaires d'habitations dépourvus
« de grains. »

Réponse. Cet article est un tissu d'absurdités.
Il faut voir notre ordonnance locale du 1er octobre 1816, et les motifs qui l'ont nécessitée ;
les considérans suffisent pour la justifier. A
Saint - Domingue, à la Matinique, à l'île de
Bourbon, à l'île de France, les ordonnances,
d'accord avec le bon sens, veulent toutes que
chaque planteur ait sur son habitation la quantité de vivres suffisante à la nourriture de ses
esclaves. Par notre ordonnance du 1er octobre 1816, nous remettons en vigueur ces anciennes ordonnances, dont la longue inexécution avait causé tant de maux à Bourbon. Mais
après avoir ordonné de planter des vivres, il a
bien fallu s'assurer que les habitans se confor-
maient à ce qui leur avait été prescrit, autrement il eût tout autant valu ne prendre aucune
mesure. Dès lors il a fallu ordonner aux maires
et autres officiers de se transporter sur les
lieux pour y constater l'état des vivres plantés
par les habitans, ainsi que de leurs magasins,

mesures également prescrites par les anciennes
ordonnances que nous remettions en vigueur :
et voilà ce qu'on appelle des visites domiciliaires ! et c'est une mesure aussi salutaire qu'on
assimile à l'un des actes les plus vexatoires de
la révolution ! Après avoir lu notre ordonnance,
sans doute la commission appréciera le calomniateur à sa juste valeur. Elle se fera encore une
idée de son ineptie, en songeant que M. Labadie, eût-il eu les quatre cents milliers de maïs,
n'aurait pas eu besoin du gouvernement pour
en trouver le débouché, attendu qu'en sa qualité de fournisseur, il avait seulement plus de
trois cents noirs à nourrir, sans compter les indigens, ses propres noirs et ses divers ateliers.

Prononcé de la commission.

« On ne peut point qualifier de visites domi-
« ciliaires celles ordonnées pour la constatation
« des vivres : l'ordonnance des administrateurs
« de Bourbon, qui, en rappelant les anciennes,
« oblige chaque habitant à cultiver ou avoir en
« magasin la quantité de vivres suffisante pour
« la nourriture de ses esclaves, est une mesure
« dictée par la sagesse qui ne peut qu'être ap-
« prouvée. Le motif attribué à cette ordon-
« nance est à rejeter complètement. »

13ᵉ *question.* « Achat, au compte du Roi,
« de quatre-vingt-dix-huit balles de café, qui
« ont été chargées sur *l'Aimable-Créole* de Mar-
« seille, à la consignation d'un passager, pour
« se procurer (en retour) des meubles destinés
« au gouvernement et à l'intendance.

« Envoi à M. le comte de Vauginaud, le
« 3i juin 1816, aux frais du Roi, d'un cadeau
« d'une valeur de 1,901 francs 80 c., etc. »

Réponse. Pourquoi le dénonciateur parle-t-il
des meubles, et ne dit-il rien des deux bustes
en bronze du Roi, demandés pour les salles du
gouvernement et de l'intendance ? C'était sans
doute pour accréditer sa calomnie. Voici le fait :
les administrateurs voulant procurer promte-
ment et pour toujours, à la colonie, les bustes
de Sa Majesté, profitèrent du départ de M. Far-
jou, notaire, qui devait s'embarquer sur *l'Aimable-Créole,* et revenir à Bourbon après un
court séjour en France. Ne devant point expor-
ter le numéraire, ils en firent les fonds en café.
C'est M. Solier, directeur des douanes, qui fut
chargé de l'achat des cafés : ces pièces, au surplus, furent déposées au contrôle. Ne sachant
pas au juste ce que pouvaient coûter les deux
bustes, il fallut compter au plus haut, et c'est
pour cela qu'on lui remit quatre vingt dix-huit

balles de café, dont l'achat avait coûté moins de 5,000 fr., en lui donnant une note explicative pour l'emploi du surplus, s'il en existait. C'était effectivement quelques petits meubles, et même quelques objets de bureau, etc., qui depuis ont été vendus avec bénéfice par M. l'ordonnateur, successeur de **M. A. de Lanux.** Toutes ces pièces en règle ont été remises, dans le temps, au contrôle, je le répète; et, en outre, Son Excellence a été avisée de ce que nous avions fait à cet égard, par notre dépêche commune du 2 septembre 1816, n° 18.

Quant à l'envoi fait à la Martinique, j'avais recommandé à M. le contrôleur de porter ces divers articles tels qu'ils étaient, pour que ma conduite fût complètement connue du ministère. Ils se montent à 1,500 fr., et non à 1,901 f. 80 c.; et j'ai cru pouvoir faire, pour deux administrateurs français, ce que nous avons occasion de faire très-souvent pour des chefs sauvages de Madagascar, sans être sujet à reproche.

Prononcé de la commission.

« Cette première opération ne peut être blâ-
« mée. Les administrateurs de Bourbon ont
« voulu procurer à la colonie deux bustes en
« bronze de Sa Majesté, l'un pour le Gouver-

« nement, l'autre pour l'intendance. Ne vou-
« lant pas faire sortir du numéraire de la colo-
« nie, ils ont fait un envoi de denrées, dont le
« produit a été employé à l'acquisition des deux
« bustes, et le surplus en meubles. Le ministre
« a été informé aussitôt de cette opération, et
« elle a été bien faite, puisque les objets de re-
« tour, parvenus à Bourbon en juin 1817, ont
« encore été trouvés en magasin par la nouvelle
« administration ; et les effets d'ameublement
« ayant été mis en vente, on en a retiré une
« somme plus considérable que celle d'achat. »

« L'envoi fait à M. le comte de Vaugiraud ne
« paraît pas nécessité par les circonstances ;
« mais il peut être autorisé par Son Excellence,
« vu son peu de valeur ; le général de Bouvet
« paraissant d'ailleurs excusable d'avoir profité
« d'une occasion qui se trouve rarement de faire
« passer à la Martinique, avec des plants et des
« graines de Bourbon, quelques objets d'un prix
« peu considérable. »

14ᵉ *question.* Emprisonnement de deux individus.

Réponse: Je ne nommerai pas, je ne détaillerai
pas leurs fautes, pour raisons déjà rapportées.

15ᵉ *question.* « Décorations accordées par
« M. de Bouvet, après l'époque à laquelle ses

« pouvoirs extraordinaires, conférés lors du dé-
« sastre du 20 mars 1815, avaient dû cesser. »

Réponse. Ce fait n'est point exact, car depuis l'époque de la révocation de mes pouvoirs,
je n'ai pas accordé une seule décoration. La dépêche de Son Excellence, portant révocation de
mes pouvoirs, est du 16 août 1816, n° 6 ; elle
n'est parvenue à Bourbon que le 16 janvier 1817,
après midi, portée par la gabare du Roi *la
Girouette.* La révocation de mes pouvoirs date
donc du 16 janvier 1817, après midi, du moment où elle me fut connue : depuis lors il n'y
a pas eu de décoration accordée.

L'on a avancé que mes pouvoirs extraordinaires ont dû cesser de droit dès l'instant où
la rentrée du Roi en France a été connue à
Bourbon.

Mais cette assertion est contraire au principe
qu'une loi est en vigueur tant qu'elle n'a pas
été abrogée : elle est contraire à ce qui a été
pratiqué en France à la même occasion; en effet, l'ordonnance du 19 juillet 1815, ici relatée,
prouve qu'on a cru la révocation des pouvoirs
extraordinaires indispensable. Il n'y en a pas eu
une semblable pour les colonies, et il est évident, d'après les considérans et le texte de cette
ordonnance du 19 juillet, qu'elle a été faite

spécialement pour « les commissaires, exerçant des pouvoirs extraordinaires dans les départemens du royaume. » Elle ne pouvait donc être applicable aux colonies qu'après notification officielle et préalable ; cette notification n'a eu lieu à Bourbon que le 16 janvier 1817.

Bien plus : en France, les commissaires extraordinaires et leurs pouvoirs ont bien été révoqués par l'ordonnance précitée, mais les mesures extraordinaires ont duré long-temps après le 19 juillet : témoins l'institution des cours prévôtales, la mise en état de siége de plusieurs parties du royaume, les lois d'exception, etc. Après la restauration, après le retour du Roi, on a donc senti la nécessité de mesures de circonstance ? Or, cette nécessité existait à Bourbon comme en France : et moi seul, qui répondais de tout, qui, dans le besoin, ne pouvais recevoir d'ordres supérieurs, qui, malgré nos demandes réitérées, ai été vingt mois sans en recevoir ; moi seul, dis-je, devais juger des mesures de circonstance nécessaires à Bourbon : j'ai dû le faire dans l'intérêt du service du Roi ; et j'ai pu le faire en vertu de mes pouvoirs extraordinaires, tant qu'ils n'ont pas été révoqués officiellement ; or, les ordres à cet égard ne me sont parvenus que le 16 janvier 1817.

*Copie de l'ordonnance du Roi, du 19 juil-
let 1817.*

LOUIS, par la grâce de Dieu, etc.

Les circonstances extraordinaires dans lesquelles se sont trouvés nos peuples depuis
trois mois, et l'impossibilité de les faire gou-
verner par des magistrats institués par nous,
qui presque tous avaient été ou s'étaient éloignés de leurs fonctions, nous ont mis dans le
cas de déléguer, soit par nous-mêmes, soit par
les princes de notre sang, soit par nos ministres, des pouvoirs extraordinaires à quelques
sujets dévoués qui nous ont servi avec zèle et
courage, et qui, presque toujours, ont agi
avec succès, pour faire connaître notre autorité
légitime et comprimer les factions. Aujourd'hui
que nous avons repris les rênes de notre gouvernement, que notre ministère est organisé,
qu'il correspond avec les administrateurs nommés pour nous, les fonctions de nos commissaires extraordinaires sont devenues superflues,
et seraient mêmes nuisibles à la marche des affaires, en détruisant l'unité d'action qui est le
premier besoin de toute administration régu-
lière.

A ces causes, nous avons ordonné et ordonnons ce qui suit :

Art. 1er. Les pouvoirs des commissaires extraordinaires qui exercent des fonctions dans les départemens de notre royaume, cesseront aussitôt la publication de la présente ordonnance, soit que ces pouvoirs émanent de nous, des princes de notre sang ou de nos ministres.

2. Toutes nominations et délégations de pouvoirs faites par les commissaires, cesseront pareillement d'avoir leur effet, aussitôt la publication de la présente ordonnance.

3. Nos ministres sont chargés de l'exécution de la présente ordonnance, chacun en ce qui le concerne.

Donné au Château des Tuileries, le 19 juillet de l'an de grâce 1815, et de notre règne le vingt et unième.

Signé LOUIS.

Prononcé de la commission.

« Le ministre ayant statué à cet égard, la « commission n'a pas à prononcer sur cette « question. »

16e *question.* « Inexécution des ordres don- « nés par une dépêche ministérielle du 11 mai « 1816, pour faire opérer, dans la colonie, les

7

« retenues proportionnelles prescrites par les
« lois des finances sur les traitemens et re-
« mises. »

Réponse. Ces ordres sont restés sans exécution, parce que le tarif de la retenue propor-
tionnelle ne nous a pas été envoyé ; parce que
cet ordre, ainsi incomplet, devenait inexécu-
table. Nous avons rendu compte de nos motifs,
par notre dépêche à Son Excellence, du 12 septembre 1816, n° 21.

Prononcé de la commission.

« Les administrateurs paraissent n'avoir pu
« mettre cet ordre à exécution. Le tarif des re-
« tenues ne leur ayant pas été envoyé en même
« temps que l'ordre, ils en ont, sur le champ,
« informé le ministère. »

17ᵉ *question.* « Inexécution des ordres mi-
« nistériels qui ont été portés à M. de Bouvet
« par *la Girouette*, arrivée à Bourbon le 16 jan-
« vier 1817, et par lesquels il lui était prescrit :

« De réintégrer le contrôleur dans ses fonc-
« tions, et de lui faire faire le rappel de son
« traitement ;

« De réintégrer également dans ses fonctions
« l'ingénieur en chef, et de lui faire faire le rap-

« pel de la portion de son traitement dont il
« avait été privé ;

« De réduire à un détachement de 16 hom-
« mes la compagnie d'invalides qu'il avait créée ;

« De licencier une compagnie de maréchaus-
« sée qu'il avait formée ;

« De faire enregistrer au conseil supérieur,
« l'ordonnance royale du 19 juillet, portant ré-
« vocation des pouvoirs extraordinaires qu'il
« avoit plû à Sa Majesté de conférer pendant les
« évènemens de 1815, et de mentionner cet
« enregistrement au recueil des actes adminis-
« tratits de la colonie.

Réponse. Au moment de voir arriver les
nouveaux administrateurs, ayant d'ailleurs demandé mon rappel, je ne pouvais, sans exposer
l'ordre de choses que j'étais au moment de remettre en bon état, introduire ces fonctionnaires, dont j'avais eu lieu de me plaindre. Je
ne pouvais également licencier la maréchaussée
sans exposer la tranquillité de la colonie. Au
surplus, les désordres survenus depuis le licen-
ciement de ce corps, ainsi que son rétablissement ordonné aujourd'hui, attestent que je n'ai
pas mal fait de le conserver.

Quant à l'enregistrement de la révocation de
mes pouvoirs, la dépêche de Son Excellen

(n° 6, 16 août 1816) ne me prescrivant rien à cet égard, il suffirait de me conformer à ses ordres, et c'est ce que j'ai rigoureusement fait. Pouvais-je d'ailleurs regarder de moi-même, administrateur régulier, comme applicable à Bourbon, sans qu'elle me fût signifiée, une ordonnance du Roi du 19 juillet 1815, révoquant les pouvoirs extraordinaires accordés en France à des commissaires extraordinaires, quand à cette époque du 19 juillet 1815, nous étions à Bourbon dans le plus fort de la tempête? Quand il est de règle et de principe qu'aucune loi et ordonnance en vigueur dans la métropole n'est exécutoire dans les colonies qu'après avoir été préalablement signifiée par le ministre aux administrateurs des colonies? J'ajouterai, l'esprit de faction dont je m'étais si constamment plaint à Son Excellence subsistait plus que jamais, enhardi comme il était par la nouvelle de changemens prochains dans l'administration; les principaux factieux, que j'avais signalés à Son Excellence, dès le 2 décembre 1815, eussent, par ces réintégrations, par cette révocation promulguée de mes pouvoirs, acquis, contre le représentant du roi, une force qu'il n'aurait pas pu comprimer, si il se fût privé d'une partie du régiment d'Angoulême, de la compagnie de vétérans et de la compagnie de maréchaussée. L'acte d'insubordination du 7 février (acte dont j'ai donné connaissance au ministre, dans le temps), prouve que je n'aurais pu mettre les ordres de Son Excellence à exécution le 16 janvier 1817, sans compromettre la tranquillité de la colonie, *dont j'étais responsable*, et qu'en conséquence j'ai dû laisser à mes successeurs, que j'attendais chaque jour, à opérer des changemens, qui alors n'avaient pas les mêmes inconvéniens.

Prononcé de la commission.

« Le général de Bouvet ne pouvait réintégrer
« le contrôleur colonial et l'ingénieur en chef
« dans leurs fonctions, sans compromettre la
« marche de l'administration qu'il avait établie :
« il y avait beaucoup moins d'inconvéniens à
« attendre l'arrivée des nouveaux administra-
« teurs qu'on lui annonçait, pour opérer les
« changemens ordonnés.

« La réforme des corps n'était pas non plus
« sans inconvéniens, par la même raison; et
« l'utilité de la maréchaussée ayant été recon-
« nue peu de jours après sa dissolution, au
« point qu'elle a été remplacée presqu'aussitôt,
« et qu'aujourd'hui le ministre a ordonné de re-

« créer une compagnie de gendarmerie, le gé-
« néral de Bouvet paraît justifié d'avoir agi
« comme il l'a fait.

« Au total, M. de Bouvet, instruit de l'ar-
« rivée prochaine d'une administration nouvelle,
« devait l'attendre pour opérer des changemens
« qui contrariaient celle qu'il avait établie.

« Le général de Bouvet n'est pas blâmable
« de n'avoir point fait enregistrer au conseil
« supérieur l'ordonnance royale du 19 juillet;
« n'en ayant pas reçu l'ordre du ministre, il
« suffisait qu'il s'y conformât : il paraît l'avoir
« fait dès qu'elle lui a été notifiée. »

Questions additionnelles faites le 11 mai 1818.

1ʳᵉ *question.* « Par quel motif les fournitures
« à faire à l'hôpital de Saint-Denis, ont-elles
« été comprises dans celles dites irrégulières,
« tandis que les objets livrés à celui de Saint-
« Paul avaient été mis en adjudication? »

Réponse. Conformément à l'annonce mise
dans l'ordonnance locale du 1ᵉʳ décembre 1815,
et à l'avis publié le 8 du même mois, signé
par l'inspecteur colonial, les hôpitaux de Saint-
Paul et de Saint-Denis devaient être mis à l'entreprise; celui de Saint-Paul, bien moins considérable, qui ne comportait guère que six à

sept malades par jour, ne tarda point à être adjugé.

Quant à celui de Saint-Denis, il ne fut fait qu'une seule proposition, et encore désavantageuse. L'hôpital continua d'être administré comme par le passé, et le fournisseur, qui pourvoyait à tous les besoins de l'administration, pourvut également à ceux de l'hôpital. Ses fournitures à cet égard ne furent point considérables, car la boulangerie avait été adjugée antérieurement par nous à M. Dominjot, qui fournissait le pain; la boucherie à MM. Jacquemin et Burdet; l'huile à brûler à M. Focard, et le bois à feu à M. Duverger; ces trois derniers objets, adjugés en juillet ou août 1815, sous l'ancien ordonnateur. M. Labadie ne fournissait point non plus les alimens légers, tels que la volaille, le poisson, le lait, les œufs, les légumes, etc., que les sœurs étaient chargées d'acheter, sous la surveillance du commissaire de l'hôpital, avec une somme qu'on leur donnait tous les quinze jours et dont elles rendaient compte.

Prononcé de la commission.

« Les hôpitaux de Saint-Denis et de Saint-
« Paul étaient bien tenus; il était plus facile de

« surveiller celui de Saint-Denis, qui était sous
« les yeux des administrateurs, que celui de
« Saint-Paul, qui en était éloigné. Il paraît qu'on
« n'a pu mettre le premier en adjudication. Les
« administrateurs paraissent avoir été guidés
« par les convenances et les localités; les me-
« sures qu'ils ont prises à cet égard ne peuvent
« qu'être approuvées. »

2ᵉ *question.* « Une dénonciation porte que
« 400,000 liv. de maïs fournis par les communes,
« et livrés par l'administration au sieur Labadie,
« à 5 fr., ont été payés ensuite 18 fr. 65 cent.

Réponse. Suivant marché en forme, passé le
23 décembre 1815 avec M. Labadie, après publication et affiches, les rations des noirs et
des indigens, prises ensemble, lui furent adjugées à quinze sols du pays (7 s. 6 deniers,
argent de France), ce qui, à raison de deux
livres de maïs par ration, si toutes les rations
eussent été en maïs, ferait effectivement res-
sortir le maïs à 18 fr. 75 cent. le cent. Or, cette
opération était bonne et avantageuse à l'administration : de plus, ayant été faite dans les formes voulues par les ordonnances, il est démontré qu'il eût été impossible de payer alors
les rations meilleur marché.

La fourniture de maïs faite à M. Labadie

n'eut lieu que six mois après ; c'est au mois de juin 1816 que l'ordonnateur apprit que M. Labadie allait traiter à Saint-Paul, de 400,000 liv. de maïs avec deux riches habitans (M. Lagourgue, entre autres) à raison de 5 fr. le cent, à trois mois de terme. Vu la rareté du numéraire, il pensa, avec raison, que ce serait un service à rendre aux habitans de ce canton, que leur procurer les moyens d'acquitter leurs impositions en maïs; en conséquence, il offrit à M. Labadie de lui faire livrer aux mêmes conditions la même quantité de maïs, dans les magasins de Saint-Paul. M. Labadie accepta.

L'ordre fut donné au maire de Saint-Paul de recevoir 400,000 liv. de maïs des habitans, mais seulement en acquit de leurs impositions, et de les mettre ensuite à la disposition de M. Labadie. Cet ordre fut exécuté, et le prix du maïs fut retenu sur ce qui était dû à M. Labadie pour ses fournitures. Cette mesure profita aux habitans, en leur donnant des facilités pour le payement de leurs impositions, et à l'administration en effectuant la rentrée de ces mêmes impositions. Cette deuxième opération était donc bonne, puisqu'elle faisait le bien des uns et des autres. L'administration reçut à cet égard les remercîmens du maire, au nom des habitans de Saint-Paul, et il était évidemment impossible de vendre à M. Labadie ce maïs plus cher.

Voilà donc l'achat et la vente suffisamment justifiés.

Cependant, dira-t-on, l'acheter à 5 fr. et le revendre à 18 fr. 75 cent.? mais le fait n'est point exact et doit être expliqué, ce que le dénonciateur s'est bien donné de garde de faire.

M. Labadie faisait deux sortes de fournitures de maïs; l'une par quantité de 50 et 100 liv. et quelquefois plus, pour des besoins extraordinaires du service, ce qui n'était que fort peu de chose. Le prix en avait été fixé à 12 fr. 50 cent.; il n'est pas trop fort, attendu la mauvaise récolte de 1815 et la cherté du maïs, en décembre, époque de la convention. Ce n'est donc point cette fourniture que prend le dénonciateur pour terme de comparaison; et cependant il le devrait, puisque cette fourniture était uniquement en maïs, et que celle pour les rations était compliquée de riz et de maïs.

L'autre était celle des rations des indigens et des noirs, prises ensemble à 15 sous du pays (7 s 6 deniers, argent de France). Ce sont sans doute ces dernières fournitures que le dénonciateur a eu en vue, car, comme nous

l'avons déjà dit, la ration des noirs se composant de deux livres; les cent livres de maïs
ressortiraient juste à 18 fr. 75 cent. Mais pourquoi ne dit-il pas que la ration de l'indigent
se compose aussi de riz qui coûte plus du double du maïs, et qu'ainsi son calcul n'est plus
exact ?

Observons maintenant, 1° la différence qui
existe entre vendre du maïs pour le livrer de
suite, et le garder en magasin pour le livrer
pendant un an par ration. Dans le premier
cas, le maïs livré n'a pas de risque à courir;
dans le deuxième, le fournisseur supporte le
déchet, qui est énorme, court les risques du
vol et des avaries, et il est encore obligé de
payer un commis distributeur. Ce déchet est
estimé un tiers par tous les habitans qui emma-
gasinent mille livres de maïs pour chaque noir,
quoiqu'en effet ils n'en donnent que deux livres
par jour, ou 730 liv. par an à chacun des adul-
tes, et une moindre quantité aux enfans.

2° La différence constante entre le prix du
maïs à Saint-Denis, où s'est passé le marché,
et le prix du maïs à Saint-Paul, où s'est fait la
livraison; à Saint-Denis, où l'on consomme, à
Saint-Paul, où l'on récolte, cette différence est
d'un tiers; c'est un fait constant. Considérez

d'ailleurs que M. Labadie était engagé à fournir toute l'année ; que si la récolte avait été mauvaise, il aurait payé le maïs deux ou trois fois plus cher, sans la moindre augmentation dans le prix des grains ; qu'en décembre il ne pouvait prévoir ce que serait la récolte au mois de juin suivant ; que dès-lors ayant eu les risques de la mauvaise chance à courir, il était juste qu'il profitât de la bonne. Comme vous voyez, messieurs, à l'examen, le bénéfice présumé du fournisseur est réduit à des termes bien raisonnables, et la mauvaise foi du dénonciateur vous est suffisamment démontrée.

3° Que l'administration n'eût point fait cette opération, qui ne lui a pas coûté un sous, M. Labadie aurait contracté avec M. Lagourgue et tant d'autres ; le prix des rations des indigens n'en eût pas diminué (car elles avaient été adjugées le 23 décembre précédent), et alors l'administration et les habitans de Saint-Paul n'en eussent retiré aucun avantage. Etait-ce ce que voulait le dénonciateur ?

4° En dernière analyse, si M. Labadie a fait un bénéfice, l'administration n'a fait aucune perte ; car elle a reçu le maïs au lieu d'argent, et l'a replacé sur le champ au même prix. Bien plus, elle y a gagné, puisque, par ce moyen, elle s'assurait le recouvrement d'impositions qu'elle eût été forcé d'attendre, sans cette mesure : les habitans y ont gagné de leur côté, en trouvant un débouché pour leurs denrées, et une facilité pour le paiement de leurs impositions. Il me semble qu'une mesure qui arrangeait ainsi tous les intéressés, ne peut qu'avoir votre approbation, messieurs.

Prononcé de la commission.

« La dénonciation qui fait l'objet de cette se-
« conde question, n'a aucun fondement ; bien
« au contraire, l'opération qui en fait la base
« est une mesure administrative vraiment pa-
« ternelle. »

3ᵉ *question.* « Il paraît qu'il a été fait au four-
« nisseur-général deux avances de fonds, l'une
« de 100,000 fr., et l'autre de 120,000 fr. »

Réponse. M. l'ordonnateur n'a jamais donné d'ordre de faire de pareilles avances au fournisseur ; mais je sais parfaitement que, ne se doutant point qu'il se déterminerait à passer en France, et qu'il pourrait donner tous les éclaircissemens nécessaires sur les calomnies atroces qu'on a répandues sur notre administration, l'on s'est permis de présenter sous le jour le plus odieux nos opérations mêmes les plus louables. L'article que je viens de réfuter en est la preuve ; celui-ci l'atteste encore. J'abandonne au surplus le calomniateur à la justice de Son Excellence. Ceci prouve qu'il n'y a point d'exagération dans ce que nous ne cessons de répéter, « que nous n'avons eu pour antago- « nistes que les amis du désordre, les ennemis « du bien public, etc., etc. »

La rareté du numéraire avait forcé M. l'ordonnateur d'accorder du terme aux négocians, pour l'acquisition des droits des vaisseaux qui leur étaient adressés. Ce terme, de six semaines ou de deux mois, n'excédait point la fin du trimestre. Pour ce délai, ils payaient, au bureau de bienfaisance, un intérêt moitié de celui du commerce. (L'ordonnateur a eu l'honneur d'en informer Son Excellence par ses dépêches du 30 juin 1816, n° 44, et du 30 octobre 1816, n° 72.) Pour sûreté, il exigeait du négociant un billet cautionné. Voulant le moins possible mettre leurs propres obligations dehors, ceux de ces négocians qui étaient en relation d'affaires avec M. Labadie (et c'était la presque totalité) proposaient de recevoir en place des billets à eux consentis par M. Labadie. (Ce fait est notoire : ces propositions ont été faites à l'ordonnateur, en pleine audience.) Ces billets

furent reçus, car il était de l'intérêt de l'administration de les recevoir, ayant effectivement
des sommes considérables à payer à la fin de
chaque trimestre, à M. Labadie; elle ne courait
même pas les risques du retard : elle se payait
par ses propres mains. Dès-lors, à la fin du trimestre, il a dû se trouver nécessairement quelquefois des billets de M. Labadie pour des
sommes de 100 et 120,000 fr. Quoique ces facilités eussent été accordées à plusieurs autres
négocians, tels que Gamin et Lori, T. Boudin,
Béquet, Tétiot, etc., ces obligations étaient or-
dinairement remises au trésorier par la direction des douanes, et revêtues d'un *bon à recevoir*, signé de l'ordonnateur. Voilà sans doute
ce que l'on aura constaté, et ce sur quoi on se
sera appuyé pour dire que ces avances avaient
été faites effectivement à M. Labadie; mais encore cela ne suffirait pas ; ce serait l'ordre donné
au trésorier, signé de l'ordonnateur, de payer à
M. Labadie des sommes du trésor, qu'il faudrait produire, et il faudrait encore qu'il ne
fût rien dû à M. Labadie, car ce ne serait plus
alors des avances.

Il a pu arriver (et c'est cependant encore ce
dont je doute) que l'on a quelquefois devancé
de quelques jours l'époque du paiement; mais

alors pour des sommes infiniment moindres, et seulement lorsque l'administration, bien en avance de ses opérations, pouvait le faire sans que le service en souffrît; mais l'on pouvait d'autant plus accorder quelques facilités au fournisseur, que l'ordonnance du 1er décembre 1815 les lui promettait : *toutes facilités possibles* y est-il dit.

Prononcé de la commission.

« Il ne paraît pas qu'il ait été fait au fournis-
« seur les avances de fonds ici relatés, quoiqu'il
« ait pu être légalement aidé par l'administra-
« tion. Si des billets souscrits par lui se sont
« trouvés en caisse à diverses époques, il paraît
« que ce serait par suite de transaction des
« douanes, qui, pour faciliter le commerce,
« autorisées à recevoir des effets à courtes
« échéances au lieu de numéraire, ont dû na-
« turellement préférer ceux du fournisseur, qui,
« étant créancier de l'administration, ne laissait
« aucun doute sur l'exactitude de ses paie-
« mens. »

4e *question.* « Les travaux exécutés à l'hôtel
« du gouvernement, et particulièrement un pa-
« vage en marbre, ainsi que le pont de Saint-
« Denis, ne paraissent pas avoir été soumis à

« l'approbation du conseil, ni indiqués au con-
« trôle.

« D'autres travaux aussi considérables sem-
« blent aussi avoir été entrepris sans ces forma-
« lités indispensables.

Réponse. Les travaux à l'hôtel du gouvernement, qui demandait à être reparé en entier,
ont été commencés dès les premiers temps de
mon arrivée dans la colonie, sous l'ancien ordonnateur, et ont été continués presque constamment jusqu'à leur entière exécution.

Comment monsieur le contrôleur, logé tout
à côté du gouvernement, et qui avait inspection
sur les ouvriers qui y travaillaient, aurait-il pu
en ignorer? et dès-lors comment ne nous aurait-il pas adressé ses observations à cet égard?
comment enfin pourrait-on soutenir aujour-
d'hui que ces travaux n'ont pas été indiqués au
contrôle, lorsque le contrôleur lui-même les
inspectait?

Quant au pavage en marbre, monsieur l'ordonnateur reçut les observations de monsieur le
contrôleur. Elles prouveront au moins qu'il pouvait en faire en toute liberté, et je puis les soumettre à la commission, ainsi que les réponses
de M. l'ordonnateur. L'on y verra que ce dernier avait été autorisé par le conseil d'adminis-

8

tration, dans sa séance du 16 octobre 1816,
« à faire confectionner les réparations des bâti-
« mens civils comme par le passé, par la direc-
« tion du génie, sauf à lui en rendre compte et
« à lui soumettre les états de cette direction ; »
et il s'agissait de paver la salle à manger du
gouvernement. Comment donc soutiendrait-
on que cette opération a été entreprise sans
l'approbation du conseil, et sans avoir été indiquée au contrôleur qui y faisait fonction de
secrétaire? Les registres du conseil d'administration prouvent le contraire.

La construction du pont de Saint-Denis a été
arrêtée six semaines environ avant l'établissement du conseil d'administration. Elle avait été
autorisée par M. le comte Ferrand, lors de la
reprise de possession. M. l'ordonnateur en a
rendu compte à Son Excellence, par sa dépêche
du 17 août 1816, n° 55. Depuis, il a rendu
compte de cette opération au conseil, dès sa
formation, ainsi qu'il appert par le procès-verbal du 10 septembre 1816. Le conseil en a
approuvé le plan et le devis, et il a statué sur
les mesures à prendre à cet égard. Jusque-là,
il n'y avait presque rien de fait, le travail s'était
borné à la taille de quelques pierres (les états
du génie le prouvent). Une semblable opéra-

tion n'a pu manquer d'avoir toute la publicité possible, et M. le contrôleur n'a pas pu n'en être pas informé, soit par son inspection sur les ouvriers, soit comme secrétaire du conseil.

Je ne conçois pas même qu'il puisse avoir été fait aucuns travaux considérables sans les formalités requises. Ils se bornent à ceux de Saint-Paul et à ceux de Saint-Denis. Les premiers ne pouvant être confectionnés par le génie l'ont été par des entrepreneurs, et alors ils étaient publiés, mis au rabais, et le marché s'ensuivait. Le contrôleur y intervenait donc indispensablement. Quant aux seconds, tels que ceux des réparations des magasins, de l'hôpital, et autres bâtimens civils, M. l'ordonnateur avait été autorisé par le conseil, dans la séance du 16 octobre 1816, à les faire exécuter par la direction du génie, ainsi qu'il vient d'être dit. Cette dernière observation tombe donc comme toutes les précédentes.

Après vous avoir démontré, messieurs, que M. le contrôleur avait eu toute indication nécessaire, quant aux divers travaux entrepris sous notre administration, j'aurai l'honneur de vous faire observer que les ordonnances qui nous régissaient, telles que celles de 1765 et 1776, les plus explicatives des devoirs des officiers d'administration, ainsi que celle du 29 novembre 1815, ne nous imposaient aucune obligation à cet égard. En effet, aucune de ces ordonnances n'oblige l'ordonnateur à indiquer au contrôleur les divers travaux qu'il a ordonnés. Cette formalité sans doute aura été jugée superflue, attendu que soit que l'exécution s'en fît par entreprise, ou par les ateliers des différentes directions, le contrôleur ne pouvait en ignorer en intervenant dans les marchés, et en inspectant les ouvriers et les travaux des directions.

Prononcé de la commission.

« Les registres du conseil d'administration
« prouvent que, dans la séance du 10 septem-
« bre 1816, le devis et le plan du pont de Saint-
« Denis lui ont été soumis, et qu'ils ont eu son
« approbation : les mêmes registres prouvent
« qu'il a eu connaissance de tous les autres tra-
« vaux entrepris depuis lors. Les administrateurs
« ont pu ne pas indiquer au contrôleur les ou-
« vrages qu'ils projetaient, mais il en avait iné-
« vitablement connaissance du moment où les
« travaux commençaient, par son intervention
« obligée dans les marchés, dans la fixation du
« prix des ouvriers, et par son inspection sur

« ces mêmes ouvriers sur les travaux : il ne
« paraît pas que son intervention ait été jamais
« repoussée. »

5e *question*. « Quelle est la cause de la diffé-
« rence existant entre l'état - général des four-
« nitures de meubles faites à l'hôtel du gouver-
« nement, du 6 avril 1815 au 1er juillet 1817,
« et l'inventaire des meubles trouvés au même
« hôtel le 18 août 1817 ?

Réponse. Les administrateurs qui nous ont
succédé en juillet 1817, connaissaient peu les
formes prescrites par les ordonnances ; leur première démarche devait être de se faire reconnaître au conseil supérieur, et d'y faire enregistrer leurs pouvoirs ; leur première démarche a
été de signifier au conseil qu'il était supprimé,
et ce, à mon insu, avant qu'ils eussent été re-
connus. En conséquence, pour leur faire remise de l'autorité le 1er juillet, j'ai été obligé
d'employer une forme inusitée : mon ordre du
30 juin en fait foi.

Cette manière irrégulière d'agir a été conti-
nuée par ces messieurs ; ils sont entrés en possession de tout sans inventaire préalable, ou du
moins sans appeler, sans consulter les administrateurs sortans.

Lorsque le 6 avril 1815, remise nous fut faite

de la colonie par les Anglais, inventaire exact de toutes choses fut dressé par des commissaires français et anglais. Lorsqu'en novembre 1815 M. A. de Lanux fut mis à la tête de l'administration, inventaire exact de tout fut fait par lui, en présence de M. le procureur du Roi, un commis principal de la marine tenant la plume, et les parties intéressées dûment appelées : ces messieurs n'ont point agi de cette manière.

Je ne pouvais pas guider ces messieurs, qui s'éloignaient de moi, je ne devais pas entraver leur administration naissante, je ne pouvais que les laisser faire, et me borner à protester contre leurs manières irrégulières et illégales d'agir, comme je l'ai fait le 22 août, dans ma lettre au général; et en partant de Bourbon, le 8 septembre 1817, entre les mains de M. le procureur-général et M. le contrôleur de la marine.

Avant de quitter l'hôtel du gouvernement, et notamment les 1er 2 et 3 juillet, j'ai demandé qu'inventaire fût fait des meubles de l'hôtel ; et si le contrôleur de la marine et le commissaire n'avaient pas pour lors le loisir de faire cette opération, je voulais qu'elle fût faite par l'aide de camp du général arrivant et par le mien, afin de constater l'état des choses, et de pouvoir régulariser cette opération plus tard. Malgré mes ob-

servations, on ne crut pas cette mesure nécessaire, et le général entra en possession pleine et
entière de l'hôtel du gouvernement, le 3 juillet,
sans inventaire préalable. Je ne pouvais pas le
contraindre à remplir cette formalité, je ne pouvais pas l'empêcher d'entrer en possession ; c'est
donc lui et non pas moi qui demeure responsable des suites que peut avoir ce manque de
formes.

L'inventaire estimatif des meubles du gouvernement a bien eu lieu le 18 août, mais il devait être fait le 1ᵉʳ juillet ; de plus, il a été fait
sous la direction d'un inspecteur que j'avais
suspendu de ses fonctions, par deux experts
qui étaient de la faction à moi opposée : que
de raisons pour le rejeter, pour le récuser! mais
une seule suffit : il a été fait en mon absence,
sans que j'y fusse appelé, sans que j'y aie
nommé d'expert, conséquemment sans partie
contradictoire ; il est donc nul.

C'est le 20 août seulement, par sa lettre de
ce jour, que mon successeur reconnaît enfin
qu'il eût été nécessaire que nous eussions assisté
lui et moi à cet inventaire, comme l'ordonnait
en effet la lettre du ministre du 26 novembre 1816, n° 64, qui m'a été communiquée par
fragment, le 20, et en totalité, le 27 août seule-

ment; et en conséquence, mon successeur me proposa un nouvel inventaire. Mais le 20 août il était trop tard : car que fût devenu le premier inventaire clos le 18 ? Car, qui du général arrivant ou de moi eût été responsable du gaspillage qui a pu avoir lieu du 3 juillet au 20 août ? J'ai donc dû rejeter cette mesure et protester, comme je l'ai fait le 22 août, par ma lettre à mon successeur, contre l'inventaire irrégulier et illégal fait tardivement et clos le 18 août.

Quant à l'état des meubles fournis au gouvernement, du 6 avril 1815 au 1er juillet 1817, il m'a été envoyé la veille de mon embarquement, sa date le prouve; je n'ai donc pas pu le vérifier ni le rectifier. Il est fautif en plusieurs points : l'on porte fourni à l'hôtel du gouvernement, divers objets qui évidemment n'ont pas pu être employés à son usage, qui n'ont été demandés ni reçus par moi : entr'autres tous les articles dits portés sur l'inventaire du 9 septembre 1815 et rayés par moi; puis, obligé d'acheter en bloc tous les meubles de la maison de Sainte Suzanne, il est évident que plusieurs de ces objets ne pouvaient convenir à l'hôtel du gouvernement. Aussi ces objets ont-ils été remis en magasin général et employés à d'autres usages pour l'administration : néanmoins

tous ont été portés sur l'état général, comme
fournis à l'hôtel du gouvernement. Cette pièce
est donc, comme la précédente, fautive, erro-
née, non admissible.

Ainsi, que pourrait-on arguer contre ma ges-
tion, de la comparaison de deux pièces fautives
de tout point, et si sensiblement fautives, quand
l'on voit la différence de leur estimation pour
les mêmes objets? Il est à remarquer que ces
deux estimations sont étrangères à l'exercice
de M. A. de Lanux; l'une est antérieure, l'autre
postérieure.

La différence qui existe entre l'état général
des fournitures et l'inventaire du 18 août,
provient :

1° De l'irrégularité de ces deux pièces ;

2° Des effets usés, consommés, du 6 avril 1815
au 1er juillet 1817;

3° Du gaspillage qui a eu lieu du 1er juillet
au 18 août 1817.

De ces trois articles composant la différence, on ne pourrait m'imputer que le second : mais il eût dû être constaté par un
inventaire légal, fait à l'instant où j'ai effectué
la remise de l'hôtel, à l'instant où mon successeur est entré en possession ; et c'est ce qui n'a
pas eu lieu, malgré ma demande ; d'ailleurs ,

tel qu'il eût été, l'usage voulait qu'il fût à la
charge du gouvernement, et non à la mienne.
J'ai suivi l'usage dans le mode que j'ai employé
pour faire meubler le gouvernement et pour
entretenir les meubles; et je ne pouvais pas
faire autrement que suivre l'usage, puisque nous
n'avions pas d'instructions particulières pour
nous guider à cet égard : aussi le ministre, par
sa lettre du 26 novembre 1816, en prescrivant
une nouvelle méthode pour l'avenir, n'im-
prouve point celle que nous avions adoptée ; il
ratifie donc ce que nous avons fait à ce sujet,
et par cette ratification, il ferme la porte à toute
difficulté. Et cette ratification est une conséquence de la dépêche du 9 mai 1816, ici rap-
portée sous le n° 3. Son Excellence, informée
de l'état des choses, approuve ma conduite,
me promet réponse détaillée à mes diverses
dépêches, et finit par me dire : « Vous devez
« compter sur la faveur du gouvernement pour
« toutes celles de vos demandes, concernant
« les personnes et les choses, auxquelles les
« circonstances permettront de déférer. »

Prononcé de la commission.

« La commission a reconnu que le général
« de Bouvet a demandé un inventaire légal

« avant de faire remise de l'hôtel du gouverne-
« ment, qui a eu lieu le 3 juillet, et que sa
« demande ne fut pas accordée.

« Que l'inventaire estimatif des meubles du
« gouvernement n'a eu lieu que le 18 août,
« hors la présence du général de Bouvet, et
« sans qu'il y fût appelé ni représenté.

« Qu'il appert, par la correspondance du gé-
« néral de Bouvet et du général qui lui a suc-
« cédé, que le général de Bouvet a protesté, dès
« le 22 août suivant, contre cette manière il-
« légale de procéder.

« Qu'en conséquence, le général de Bouvet
« ne peut être responsable du gaspillage qui
« pourrait avoir eu lieu à l'hôtel du gouverne-
« ment, depuis son départ dudit hôtel, ni pas-
« sible de la différence des prix d'achat à ceux
« d'estimation d'un inventaire où il n'a pas été
« appelé.

« Que d'ailleurs la lettre du ministre, sous la
« date du 26 novembre 1816, n° 14, fixant un
« mode nouveau pour l'ameublement des hô-
« tels du gouvernement et de l'intendance, ne
« désapprouve pas ce qui a été fait jusque-là,
« et ne paraît désirer qu'on revienne sur le
« passé. D'autre part, s'étant conformé aux usa-
« ges pour l'ameublement de l'hôtel du gouver-

« nement, qui s'était trouvé démeublé lors de
« la reprise de possession, M. de Bouvet paraît
« suffisamment autorisé dans ce qu'il a fait à
« cet égard.

Mes conclusions à la commission,
le 28 mars 1818.

Messieurs,

Vous avez pu voir, dans mon rapport à Son
Excellence le ministre de la marine et des colonies, sur mon administration de Bourbon, que
j'évitais d'inculper personne, et que, même en
parlant des actes de sévérité que j'ai été obligé
d'exercer envers divers individus, je ne les nom-
mais pas.

Devant vous, messieurs, il m'a été impossible de suivre le même plan ; d'après les questions qui m'ont été faites, j'ai dû donner sur
ces individus tous les éclaircissemens possibles,
et vous prouver que ma conduite à leur égard
était fondée en droit comme en justice ; et bien
plus, que le bien du service du Roi et le maintien de la tranquillité à Bourbon exigeaient de
faire ce que j'ai fait à leur égard.

En effet, messieurs, reportez-vous aux temps,

aux lieux ; figurez-vous que j'étais à quatre mille lieues de la métropole, privé de tout secours extérieur, obligé de me suffire à moi-même ; que, voisin d'un rival puissant qu'il fallait ménager, sans ployer devant lui, j'étais encore, à l'intérieur, en butte à une faction déclarée que j'ai dû comprimer par ma seule autorité ; éloigné, privé que j'étais de l'appui du Gouvernement suprême ; appui qui m'a constamment manqué, car jamais un seul des factieux signalés par moi n'a été réprimandé ; toutes mes plaintes sont restées sans réponses. Mon aide de camp, envoyé le 22 septembre 1815, a été retenu jusqu'au 28 juin 1817 ; un officier de mon état-major, envoyé le 13 janvier 1816, ne m'est pas même revenu !

Que fus-je devenu, que fût devenue la colonie, si je n'eusse pas fait usage de mes pouvoirs extraordinaires ? Mais si le Roi m'avait ordonné de conserver Bourbon sous son obéissance et souveraineté, d'en maintenir en paix et tranquillité ses habitans, Sa Majesté m'avait aussi donné les moyens d'exécuter ses ordres, en m'autorisant *à prendre toutes les mesures que je croirais convenables* pour atteindre ce but. Aussi la volonté du Roi a-t-elle été exécutée dans toute sa plénitude, pour le bonheur et le

repos des habitans de Bourbon. Le pavillon pro-
tecteur du Roi n'a pas cessé de flotter dans toute
la colonie, et d'y flotter seul : pas un seul moment la tranquillité publique n'a été troublée,
pas une goutte de sang n'a été versée. Sans augmenter d'une piastre les impôts ordonnés par
le Roi, des réparations urgentes, des améliorations considérables ont été faites, et à la fin de
notre administration, nous laissons à nos successeurs un actif de plus de 300,000 fr.

Comment d'après de pareils résultats, qui,
de toutes les possessions françaises, n'ont été
obtenus qu'à Bourbon, pourrait-on me blâmer
d'avoir usé des pouvoirs extraordinaires qui
m'ont permis de les obtenir, ou d'avoir écarté
de mon chemin les obstacles qui m'eussent em-
pêché de les obtenir?

Combien au contraire n'eussé-je pas été coupable, si, par pusillanimité, par crainte de dé-
plaire à quelques individus, je me fusse montré
indigne de la confiance que le Roi avait bien
voulu reposer en moi, en ne remplissant pas
ses intentions?

Pour les autres calomnies enfantées par la
faction dont je vous ai parlé plus haut, messieurs, je vous en ai démontré l'absurdité. Aussi
c'est fort de ma conscience, sûr de n'avoir pas

une seule injustice à me reprocher, que je con-
clurai, en vous priant, messieurs,

De faire connaître au Roi, dont l'approbation
est ma plus douce récompense, que militaire-
ment, politiquement, administrativement, ma
conduite a été celle d'un chef pénétré de ses
devoirs envers son Prince et son pays, et que j'ai
su les remplir tous ;

De faire connaître au Roi que M. A. de
Lanux, sujet fidèle, sujet dévoué, qui a quitté
sans hésiter une place honorable, une carrière
tranquille, pour en suivre une si difficile, si
épineuse, et qu'il a remplie avec tant de succès,
mérite à tous égards les bontés de Sa Majesté ;

Et enfin, messieurs, je vous prierai de solliciter de Sa Majesté la ratification de toutes les
grâces provisoires, qu'en vertu des pouvoirs extraordinaires dont j'étais revêtu, j'ai accordées à
ceux des fidèles sujets du Roi qui m'ont le plus
aidé, chacun dans sa ligne, à obtenir les heureux résultats que je puis offrir à Sa Majesté.

Conclusion de la commission.

« Enfin la commission, après avoir exprimé
« l'avis arrêté par elle, soit à l'unanimité, soit
« à la pluralité des voix, sur chacun des points
« déférés à son examen, ne croit pas s'écarter

« de l'objet de sa mission, en déclarant qu'elle
« est convaincue que c'est principalement aux
« proclamations énergiques de M. le comte de
« Bouvet, et au noble dévoûment qu'il s'em-
« pressa de manifester, dès que la nouvelle du
« 20 mars parvint à l'île de Bourbon, que l'on
« doit attribuer le maintien de cette colonie sous
« l'obéissance du Roi.

« Elle rend le même hommage à la coura-
« geuse détermination que cet officier-général
« a prise lorsque les Anglais, se présentant en
« force, lui firent des offres de secours, et, sur
« son refus, lui adressèrent des sommations de
« leur remettre l'île.

« Les dispositions militaires de ce comman-
« dant, et l'impulsion généreuse qu'il a donnée à
« tous les habitans de Bourbon, ont procuré à
« cette colonie l'avantage non partagé de de-
« meurer fidèle au Souverain légitime, sans re-
« courir à l'assistance de l'étranger. »

Nota. Le rapport de la commission ne m'a
point été remis officiellement, mais je le connais
pertinemment, mon analyse est exacte ; j'aurais
voulu pouvoir rapporter intégralement le texte
à l'appui.

Le comte DE BOUVET.

Paris, le 8 décembre 1819.

~~~~~~

PIÈCES JUSTIFICATIVES.

N° I.

Extrait des instructions données à MM. Bouvet de Lozier, maréchal des camps et armées du Roi, commandant pour Sa Majesté, et M. ***, chef d'administration, commissaire - ordonnateur à Bourbon, le 10 octobre 1814.

SA MAJESTÉ ayant ordonné, par ses décisions des 21 et 27 juillet dernier, que les choses seraient rétablies dans les colonies, relativement au service et à l'administration, sur le pied où elles étaient en 1789, les sieurs Bouvet de Lozier et M. *** trouveront à cet égard leur règle de conduite dans l'ordonnance du Roi, du 27 septembre 1766, insérée au Code des îles de France et de Bourbon. Cette ordonnance, ainsi que les autres actes enregistrés au conseil supérieur desdites îles, ou seulement au contrôle de la marine, dont l'ensemble déterminait en 1789 les pouvoirs, les fonctions et les devoirs, tant du gouverneur et intendant que des agens civils et mili-

taires, sont remis en vigueur ; et il est enjoint aux
sieurs Bouvet de Lozier et M. *** d'en exécuter et
faire exécuter les dispositions, sauf à eux à recourir
en tout ce qui ne serait pas par lesdits ordonnances
et actes, aux Constitutions de Saint-Domingue et au
Code de la Martinique.

Il doit être néanmoins bien compris que Sa Majesté n'entend par-là rien échanger à ce qui existe
actuellement à Bourbon relativement au nouveau
Code français qui y a été mis en vigueur avec quelques modifications, et qui y demeurera tel, sans
rien préjuger sur les nouvelles modifications qui
pourraient y être apportées à l'avenir.

En conséquence de ce qui a été dit ci-dessus, les
sieurs Bouvet de Lozier et M. *** se conformeront
aux instructions données aux sieurs Bruny d'Entrecasteaux et Dupuy, le 9 mars 1789, en tout ce qui
ne se trouve pas en contradiction avec les nouvelles
lois introduites dans la colonie, et en tout ce à quoi
il ne sera pas dérogé ci-après.

No II.

*Lettre de M. le comte de Blacas, à M. le chevalier
Bouvet de Lozier.*

De Gand, le 18 avril 1815.

Vous avez été informé, M. le chevalier, du dé-
barquement de Buonaparte dans le département du

Var, et vous trouverez, dans le rapport ci-joint, la
suite des évènemens qui ont forcé le Roi à quitter
ses Etats; mais cet éloignement ne peut être long,
et vous en serez convaincu, en lisant la déclaration
des puissances assemblées au congrès de Vienne :
elle a été suivie d'un traité qui confirme toutes les
dispositions de ceux passés l'année dernière, et le
traité fait avec le Roi, subséquemment à celui de
Paris. Je joins ici toutes ces pièces. Vous connaî-
trez également, par les journaux, l'immensité des pré-
paratifs que les puissances font en ce moment pour
détruire un usurpateur dont l'esprit turbulent me-
nace leur tranquillité.

Cet état de choses rend extrêmement important
pour le Roi, et plus encore pour les habitans dont
le gouvernement vous est confié, que, de concert
avec le chef d'administration, vous preniez les mesures nécessaires *pour conserver l'île de Bourbon
fidèle à son Roi, et la maintenir dans la tranquillité.*

Pour cela, Sa Majesté vous ordonne :

1° *De ne reconnaître et faire exécuter que les ordres signés par le Roi et contre-signés par moi, jusqu'à ce qu'il en soit autrement ordonné;*

2° *D'interrompre toute espèce de commerce et de
relations avec les ports sous la domination de l'usurpateur;*

3° *De ne point permettre que son pavillon navigue
dans vos parages, ni que les expéditions, passeports
ou autres documens donnés en son nom ou avec*

son timbre puissent être considérés comme bons et valables ;

4° De faire arrêter tous les navires expédiés qui aborderaient dans l'île de Bourbon, d'en mettre les équipages en prison, de faire vendre ou du moins séquestrer les cargaisons.

Sa Majesté vous autorise, si vous le croyez nécessaire :

1° A déclarer l'île de Bourbon en état de siége, et en soumettre tous les habitans aux lois militaires ;

2° *A déplacer et renvoyer hors de la colonie tout officier civil et militaire, sans exception, dont la fidélité vous serait suspecte ;*

3° D'ouvrir aux vaisseaux des puissances étrangères le commerce de l'île de Bourbon ;

4° Les habitans de l'île de Bourbon ayant en tout temps donné des preuves de leur fidélité et de leur zèle pour le service du Roi, Sa Majesté ne doute pas que vous ne soyez puissamment secondé par les milices de la colonie dans le maintien de la tranquillité et les mesures que vous jugerez convenable de prendre ;

5° Sa Majesté est également persuadée que des soldats qui se sont volontairement engagés pour son service, seront fidèles à leurs sermens, à l'honneur, à leurs drapeaux, et s'empresseront d'exécuter les ordres que vous leur donnerez ;

6° Enfin, Sa Majesté, monsieur le chevalier, ayant

la confiance la plus illimitée dans votre attachement à sa personne et dans votre zèle pour son service, *vous autorise à prendre toutes les mesures que vous croirez convenables*, et ordonne expressément à tous les officiers civils et militaires sous vos ordres, de quelque rang et grade qu'ils soient, de vous obéir explicitement dans tout ce que vous ordonnerez pour son service, sous peine d'être punis suivant la rigueur des lois militaires, comme coupables de désobéissance.

Le Roi désire que vous ne perdiez pas un instant pour lui rendre compte de l'état de l'île de Bourbon.

Recevez l'assurance réitérée du sincère attachement avec lequel j'ai l'honneur d'être,

Monsieur le chevalier,

Votre très-humble et très-obéissant serviteur,

Signé BLACAS d'AULPS.

N° III.

Paris, le 9 mai 1816.

MARINE. — DIRECTION DES COLONIES.

Monsieur, j'ai reçu toutes les dépêches que votre aide de camp, M. Lefèvre, et plus récemment M. Elliot ont été chargés par vous de m'apporter.

J'en ai mis les résultats sous les yeux du Roi. Sa Majesté n'a pu voir sans une grande satisfaction que, fidèle au nom qu'elle porte, sa colonie de Bourbon a su demeurer attachée constamment à son légitime Souverain, et que, malgré la difficulté des circonstances, le pavillon blanc n'a pas cessé un instant d'y flotter seul.

Votre conduite a été celle d'un chef pénétré de ses devoirs envers son Prince, et vous avez été dignement secondé de presque tous les habitans de Bourbon, de sa brave garnison, des officiers militaires, et de la majorité des fonctionnaires civils.

Sa Majesté ne s'est point encore expliquée sur la récompense qu'elle pourra accorder au dévoûment et à la fermeté que vous avez montrés. Mais je vous prie de ne pas douter de mon empressement à vous annoncer les grâces dont il lui plairait de vous honorer.

Je prépare en ce moment, par ses ordres, une expédition directe pour Bourbon : elle vous portera mes réponses aux divers objets de votre correspondance, et vous devez compter sur la faveur du gouvernemeut pour toutes celles de vos demandes concernant les personnes et les choses auxquelles les circonstances permettront de déférer.

Recevez, monsieur, l'assurance de ma considération très-distinguée,

Le ministre secrétaire-d'Etat de la marine et des colonies,

Signé le vicomte DUBOUCHAGE.

A M. le maréchal de camp de Bouvet, commandant pour le Roi à Bourbon.

www.ingramcontent.com/pod-product-compliance
Lightning Source LLC
Chambersburg PA
CBHW052207270326

41931CB00011B/2254